「育てにくい」と感じたら

親・保育者のための
子育て応援
BOOK

近藤直子

ひとなる書房

はじめに──「育てにくい子」はかわいい子

　お父さん、お母さん、子育てはいかがですか？　「とても楽しい！」と言いきれる人はあまり多くはないかもしれませんね。家庭で一人で奮闘していると、多くのお母さんは孤立感を感じてしまいます。子どもが幼いうちは、日中一言も話さないままに一日が過ぎてしまい、つらくなることだってあるでしょう。

　子どもが元気で笑顔が多く機嫌がよければまだがんばれるかもしれません。でも、すぐに熱を出す、なかなか寝てくれない、夜泣きがひどい、お乳の飲みが悪い、抱いてもそっくり返って泣き止まない……となるとほとほと参ってしまいます。「なんで？」と子どもにたずねても答えは返ってきません。

　「育てにくい子」は、かわいい子です。ステキな可能性を秘めた、かわいい子です。でも、次々問題を出してくるので腹も立つし、心配にもなります。幼稚園や保育所に入れば、ほかの子とぶつかることも増えるでしょう。本当はかわいいと思いたいのだけれども、かわいいと思うことがむずかしいのが、「育てにくい子」なのです。

　だから、「育てにくい子」の子育てには応援団が必要です。外に出ることが好きで積極的なお母さんは、「子育て支援センター」や「子育て広場」などを上手に活用し、そこにいるスタッフの知恵を借り、ママ友もつくっていきます。応援団を自分からつくることができるのです。でも、子どもに手がかかって外にも出にくいというお母さんは、家庭で孤立しがちになります。もともと乳児期は出かけにくいものですが、1歳をすぎると、落

ち着きがない、人をかんだりたたいたりするなどトラブルが目立つようになり、ますます出かけにくくなります。

　保育者のみなさんも、「気になる子」にふりまわされていると、クラス全体の保育も行きづまり、ほかの職員の目が気になるかもしれません。ケガした・ケガさせたのトラブルが続けば、保護者の間にもぎくしゃくした空気が流れるでしょう。

　親も保育者も、自分からは助けてと言いにくい、まわりも手をさしのべにくい、自然には応援団がつくられていかないのが、「育てにくい子」「気になる子」の子育てなのです。

　この本は、今まさにそんな大変さを一人で抱えて悩んでいるお母さんやお父さん、保育者のみなさんが、ステキな応援団をつくることができるように、子どもも大人もしあわせを感じることができるようにと願って書きました。親向け・専門職向けの内容が入りまじっていますが、あえてそのままにしています。それぞれが置かれた状況や気持ちを知ることが、互いに手をつなぐためには不可欠だと思ったからです。

　私もあなたの応援団の一員のつもりでいます。

もくじ CONTENTS

はじめに——「育てにくい子」はかわいい子 2

第1章 「育てにくい」と感じたら……7

1 「育てにくい子」の気持ち 8
2 親と保育者はすれ違う 12
3 しんどいのはあなたのせいでも子どものせいでもない 16
4 子育てには応援団がいっぱい！ 20

第2章 "これだけは"おさえておきたい 子育て・保育のポイント……25

1 「育てにくさ」と発達との関係 26
　「変わらんかい！」では変われない 26
　「子どもの気持ちを受けとめて」と言われても…… 28
　子どもは発達することで「問題」を出し、そして「問題」を卒業する 29

2 「将来」より「今」のしあわせを大切に 32
　子どものしあわせとは？ 32
　「育てにくい子」はしあわせを実感しにくい子 33
　手がかりは子どもが今好きなこと 35

3 乳幼児期に育てたい自己充実感と自己安定感 38
　子どもたちの発達を保障する集団生活とは 38
　心の安定を保障する家庭生活とは 40
　親も保育者も「発達途上人」 43

4 「育てにくさ」と障害──診断を受けることをめぐって　47

　「気づきの支援」──わが子の"持ち味"に気づける支援を　47
　診断はていねいな支援につながってこそ意味がある　48
　地域の応援団をもっと豊かに　49

第3章　どの子もたどる　心の発達のおおまかな道筋……51

　あせらないでも大丈夫──それぞれの時期に大切にしたい子どもの心の世界　52

1 赤ちゃん時代には、大人を大好きになってね　53

　あやしかけにもウォーミングアップが必要　54
　心地よさのバリエーションをていねいに広げる　55

2 大好きな大人とともに世界を広げ「したいこと」を築く幼児期前半　56

　大人をまねして世界を広げる　56
　「物」の魅力にひきつけられて　57
　「イッショ」を手がかりにつながる　58

3 仲間の中で「認められたい心」が育つ幼児期後半　60

　自分もまわりも見えてきて　60
　仲間の中に位置づける　61
　わが子の持ち味をあたたかく見守り応援する　62

第4章　「育てにくい子」「気になる子」の　子育て・保育Q&A……63

1 親からの質問コーナー──家庭での「育てにくい子」の子育てにかかわって　64

　Q1　寝つきが悪いし夜中に起き出したりして大変で……　65
　Q2　子どもが私の言うことを無視するのでうまくやりとりができません。　68

Q3　落ち着いて食べてくれないのですが……　70
Q4　偏食がひどいのですが……　72
Q5　着替えや洗髪を嫌がるのですが……　74
Q6　トイレでの排泄を嫌がりますが……　76
Q7　指しゃぶりがひどいのですが、欲求不満でしょうか？　78
Q8　爪をかむようになりました……　80
Q9　1日に何度もかんしゃくを起こすので疲れ果ててしまいます……　82
Q10　スーパーでじっとしていないし、すぐに行方不明になるんです……　84
Q11　片づけが苦手で困っています。　86
Q12　友だちをかんだりつきとばしたりしてしまいます……　88
Q13　友だちがなかなかできません。　90
Q14　きょうだいゲンカがひどくて困っています。　92

2　**保育者からの質問コーナー**──保育所・幼稚園での「気になる子」の保育にかかわって　94

Q1　イスに座っていられる時間が短くすぐに動き出すので、まわりの子も影響されて困っています。　95
Q2　給食が食べられなくて困っています。　98
Q3　保育室に入って遊べません。　100
Q4　クラスの子どもたちをたたいたり、つきとばしたりするのです……　102
Q5　トイレに行くことができるようになった子なのですが、ときどきパンツの中におしっこやうんこがもれていることがあります……　104
Q6　診断を受けていただきたいと思うのですが、保護者にはどう伝えたらいいでしょうか？　106
Q7　他児や他児の親とのトラブルをどう解決したらよいのでしょうか？　110
Q8　専門機関の職員には何をどう伝えるとよいのでしょうか？　112
Q9　行事のたびに参加できないできました。園最後の行事です。どうすれば参加できるでしょうか？　115
Q10　卒園をひかえています。小学校に何を伝えたらよいのでしょうか？　116

おわりに──大人も"持ち味"をいかしてつながろう　118

第1章

「育てにくい」と感じたら

1　「育てにくい子」の気持ち

●私は「育てにくい子」だった？

　私は1973年から、保健所で18ヵ月児健診後の発達相談の仕事を続けてきました。子育てに悩むお母さんやお父さん、「育てにくい」「気になる」と言われる子どもたちの味方になりたい、応援団の一員になりたいと思うようになったのには2つの理由があります。

　1つには、まず何より私自身が、まさに今なら「育てにくい子」と言われるような子どもだったからです。だから、親を困らせ先生たちを悩ませながらも、健気にがんばっている子どもたちが、同志のように思えてくるのです。

　自分の乳幼児期のことはよく覚えてはいませんが、亡くなった母からは「育てにくかった」エピソードを何度となく聞かされました。

●安心できるのは押入れの中

　3歳までは人見知りがきつく、家に来客があると「押入れにこもって出てこなかった」そうです。5歳までは姉と一緒でないと外に遊びにいくことができませんでした。仲よしはお隣のおばあちゃんだけで、一緒にラジオの「昼の憩い」を聞いていたことを覚えています。個室がなかったためか何かというと押入れにこもり、高校生になってもイヤなことがあると押入れに入ってふとんにうつ伏し、泣いたりわめいたりしていました。自殺

について考えるのはいつも押入れの中でした。夜寝るときは真っ暗がこわくて豆電球をつけて寝ていたのに、狭くて暗い押入れは私にとってはくるまれているような安心できる空間でした。大人になった今は押入れにはこもりませんが、就職当初はイヤなことがあると、トイレに入り込んで「○○は死んでしまえ～！」と叫んだりしていたのですよ、ホント。

●役割や目的がないと不安に

　目的もなく人と"なんとなく一緒にいる"というのが苦手で、中高校生になると、女子がトイレでも食事でも、なんでも一緒にしたがることがイヤで不快でした。知らない人ばかりの空間は不安なので、今も、家族以外の人とはもちろん、1人でレストランや喫茶店に入ることはほとんどありません。仕事以外の場で人と一緒にいるのがあまり好きではないのです。

●こだわりが強くて切り替え下手

　そして私は「とても頑固だった」そうです。2歳児がほしいものを買ってもらえないと泣くのは当たり前ですが、私の場合は「そんなら置いていくよ」と母が先に行ってしまっても平気で、「姿が見えなくなっても動こうとしなかったのはあなただけだった」とくり返し聞かされました。人見知りがひどかったのにね。切り替えが苦手だったということでしょうか。偏食もひどくて、今も和食以外は苦手ですが、幼児期には嫌いなものを食べようと挑戦しても結局吐いてしまうという経験をしています。幼児期は特定のメーカーの特定のふりかけをかけたご飯と、わかめの味噌汁で大きくなったといっても過言ではありません。

　小学校に入ると給食で苦労しましたが、それだけに家では嫌いなものを絶対に食べませんでした。小学2年生のとき、料理のにおいで私の嫌いなものを母がつくっているのは感じていたのですが、食卓について大嫌いなシチューを目にしたとたん「私が嫌いやってわかってるのにナンデつくる

のー！」と叫んで箸を母に投げつけたことがありました。そのあと子ども部屋の押入れに駆け込んで「死んでやる！」と自分で自分の首を絞め、苦しくなって我に返りました。押入れが自殺を考える場所になったのはこの時からです。

　おねしょは中学2年生までしましたし、中学時代は不眠や金縛りに苦しみました。自律神経の働きにも問題があったようです。爪かみがひどくて母が気にして爪にヨードチンキやからしを塗ったり、手袋をはめさせたりと工夫しましたが、これは直ることなく現在も続いています。それ以上に母が悩んだのは妹に対するいじめでした。近所では「直ちゃんが9話すと、みよちゃんが1話す」と評判になったくらい、一方的に妹を罵倒したり、妹を階段からつき落としたり、中学時代は妹の頭を窓に打ちつけてガラスを割ってしまうほどでした。だから母は「児童相談所に相談しようか」と迷ったそうです。私は、幼少期からずっと「母に愛されていない」と思っていたので、妹へのやきもちがこうした暴力的な行為としてあらわれていたのだと思っています。

●私を変えてくれた子どもたち

　そんな「親を悩ませ続ける」子だった私が、ほかならぬ子育てを応援する仕事をこれほど長く続けることになった理由の2つ目は、障害児との出会いです。ほかの人とは違う自分に苦しんでいた私は、心理学を学ぼうと大学に入学しました。でも、心理学を学んでも自分のしんどさを軽くする答えには出会えませんでした。私に答えを示し"人生の目的"を与えてくれたのが障害児たちでした。彼らには"人を変える"すばらしいパワーがあることを多くの人に知ってもらいたい、とくに親のみなさんに知ってもらいたいと思うようになったのです。

　こうして子ども時代をふり返ると、う〜ん、やっぱり少し育てにくい子だったかな、と思います。役割やはっきりとした"すべきこと"、目的がな

いと、人とどうかかわっていいのかわかりにくくて困るし、切り替えが下手で人間関係でのこだわりが強かった、そんなところでしょうか。

　そんな私ですが、今では息子に「直子さんは寝ているか仕事をしているか二つに一つだ」と評されるほどの働き者です。仕事は目的が明確なので気が楽なのです。それに学生たちの成長を実感できる教師の仕事は楽しいし、仕事を通したおしゃべりも楽しむことができます。"障害児がかわいい""お母さんたちがかわいい""学生がかわいい"、この実感が今も私の世界を広げてくれているのだと思っています。

2　親と保育者はすれ違う

●息子は「気になる子」だった？

　こうして障害のある子や「気になる子」と言われる子どもたちにかかわるようになった私は、「わが子のために」と親同士つながりながら行政に働きかけ地域を変えていく、たくましいお母さんたちの応援団の一人になってきました。

　応援団は多いほうが力になります。でも、専門家といわれる人たちが、応援するどころか逆に親を苦しめたり追いつめたりしてしまっていることはありませんか？　そこまでいかなくても、子どもを見る目が、親と専門家で"ずれる"ということは案外よくあるできごとです。

　それはわが子の子育てを通じても感じたことでした。息子は親から見ると育てやすいかわいい子でしたが、どうも保育所では、保育者を心配させるような「気になる子」だったようなのです。妊娠10週で、切迫流産のために入院したので、そのときは心配しましたが、出産後は、体が少しかたいこと以外は何も心配することがないかわいい息子でした。親のあやしかけによく反応して笑う、体を動かすよりは絵本の読み聞かせが好きという、いかにもインテリ夫婦の子どもというふうでした。

●砂場よりも絵本

　7ヵ月で保育所に入所しましたが、なかなか慣れず泣くことが多く、保

育者の手をわずらわせました。歩くようになってからは、親となかなか離れたがらないことや、砂場でのあそびよりも絵本を好むことなどを保育者が心配してか、お便り帳によく書いてくれました。

　2歳になってからは、他児が喜ぶ坂すべりや泥んこを「アブナイヨ」と言って避けるなど、ほかの子にくらべて大胆さに欠けること、新しい保育者と目を合わさないこと、運動会や川あそびといった新しいことには臆病で、なかなか挑戦しようとしないことなど、保育者のみなさんはいろいろと心配してくれました。

　2歳前半で当時の国鉄特急99種類のヘッドマークがすべてわかったり、動物園ではアナコンダ（大蛇）の前で動かない、映画館のような急に暗くなるところや温水プールのような声が反響するところはこわくて泣きわめき、「テレビがこわい」と見たがらないことなど、「変わっているところ」はありましたが、親とであれば飛行機も新幹線も平気でおとなしく乗っていますし、私のように「買って！」と駄々をこねることもない、親のことが大好きなおだやかな子どもでした。

● みんなと遊ぶより見ているほうがおもしろい

　3歳以降も好きなものは少しずつ変化しながらも、爬虫類、魚、甲虫類と、それぞれの図鑑を完璧に攻略するまで読み込むエネルギーはなかなかなものでした。就学後は地図、鉱石、猛禽類、歴史と関心は理科から社会科領域にも広がり、今は地理学を専門とする大学教員になっています。でも高校時代の愛読書が朝比奈正二郎博士の『日本産ゴキブリ類』（中山書店）だと書くと、多くの保育者の方は「やっぱりおかしい変な子」と思うかもしれませんね。

　3歳の時には保育所で「みんなとプールに入るのを嫌がった」ことが、4歳児クラスではみんながすべり台を楽しんでいるときに、1人だけ反対方向を見て「今通ったのはキハ○○だ」と機関車のほうに関心があったと

いうことや、みんなが遊戯室で遊んでいるときは1人隅に座り込んでいて、部屋を移動しようとしたら「あ〜おもしろかった、みんなが遊んでいるのを見るのはホントにおもしろいな〜」と独り言を言ったということがお便り帳には書いてありました。みんなと一緒に遊ぶことが好きではないということが、保育者には気になっていたようです。クラスの子が家に遊びに来ても本人は本を読んでいて、親が間に入らないとあそびにはなりにくい状況もありました。「外で遊びたくない」と言って担任に怒られたことは本人も覚えているそうです。

● マイペースに世界を広げる

　就学後は、放課の時間に校庭に出るのがイヤで好きな本をTシャツに隠してトイレにこもり読んでいたとか。学童保育所でも、公園で蟻を食べくらべていたりと、「変わっているところ」を探そうと思えば探せるのですが、マイペースで、日々をそれなりに楽しんで暮らしていました。担任の先生は「もっと勉強すればできるのに」と惜しんで、高学年では児童会などにもチャレンジさせてくれましたが、親としては「ほうっておいてくれ〜」というのが本音でした。好きなことならいくらでもできるし、マイペースだけれど少しずつ世界を広げているのに「無理させないで」と思っていたからです。

　中学時代のあそび仲間はおもに2学年下の学童の後輩たちで、しょっちゅうわが家でマージャンをしていました。学校でもっとも話の合う友人は社会科と理科の教員ではなかったでしょうか。マージャンパイを心の支えにしてポケットにひそませていたことも大目に見てくださっていました。高校時代ももっとも話が合ったのは社会科の先生方。社会科準備室が居場所でした。そして大学生になってはじめて「地理学」の学友を得て、同世代の友人たちとの生活を楽しいと思うようになりました。関心が共有でき、楽しみを共感できるのが友人なのですから。

興味に偏りがあり、「友だちと遊ぶよりも本が好き」という姿が、保育所時代や小学校時代は「気になる子」という見方につながっていたのでしょうが、そんな姿を親は「かわいい」と思い、「かわいいな」と思ってくれる先生方とも出会い、本人はいいところを伸ばしてきたのです。

③ しんどいのはあなたのせいでも子どものせいでもない

● 「育てにくい」は相談しにくい

　私は若いときから、子どものうちの３割は「育てにくい子」だと教えられてきました。０歳児であれば、育てにくさとは、ぐっすりと眠ってくれない、泣き出すとなかなか泣き止まない、夜泣きがひどい、お乳の飲みが悪い、抱きにくい、おんぶするとそり返る、腹ばいを嫌がる、人見知りがひどいなど、生活上のことと、体や人間関係上の扱いにくさに収斂します。でもはじめての子であれば、その「育てにくさ」がよくあるレベルのことなのか、心配なことなのかは判断がつきませんよね。だから親は「気になる」とは言いにくいし、相談もしにくいものです。

　歩きはじめてからは、寝つきが悪い、夜泣きがひどい、偏食や少食、着替えを嫌がる、トイレのしつけがうまくいかない、洗髪や歯磨きが嫌いといった生活習慣上の問題と、親とべったりで離れられない、落ち着きがなくじっとしていない、かんしゃくがひどい、ほかの子をたたいたりつきとばしたりする、親やきょうだいにかみつく、エレベーターや自動ドアの前から動かないなどの行動上の問題が浮上してきます。育てにくさが際立ってくる時期といえます。

● 10%はていねいな支援が必要

　親子で出かけた「子育て支援センター」などで、同年齢のいろいろな子どもたちの姿を目にすると、「ほかの子と違う」ということを親が感じはじめます。そのため、18ヵ月児健診では家庭内で親が感じる「育てにくさ」とともに、子どもの発達状況を指差しや指示理解などで把握し、発達上「気になる子」をサポートしています。

　厚生労働省は、18ヵ月児健診後約10%の子どもがていねいな支援を必要としていると判断しています。こうした子どもたちは保健センターなどの「親子教室」に通うことをすすめられます。そこでは親子で楽しく遊ぶ機会をもちつつ、子どもの発達状況をスタッフ間で確認し、必要と判断した子どもにはより密度の濃い「親子療育」に紹介することになります。私は保健所の「親子教室」の発達相談に取り組んで30年近くになりますが、「親子療育」に紹介する際には、親とのやりとりなどのコミュニケーションのレベルとともに、気持ちの切り替えの苦手さ、こだわりの程度、音やさわられることへの過敏さなどに注目するようにしています。

● 集団生活デビューで浮かび上がってくる問題

　3歳をすぎると保育所や幼稚園に入園しますが、「育てにくかった子」の中から、集団生活において「気になる子」が浮き出してきます。保育室に入らずテラスや職員室で過ごしている、多動で部屋を飛び出してしまう、保育者の横に出たがりイスに座り続けられない、ピアノや手すりの上にのぼる、他児に暴力を振るう、「死ね！」などの暴言を吐くといった集団生活上の問題はもとより、偏食がひどい、パンツに便がつく、身のまわりの物が片づけられないなど生活上の問題を出すことも多く、保育者を心配させます。こうした「気になる子」が増えているということも現場の実感でしょう。

●どんなことがその子にとって「しんどい」のか

　育てにくい子は、発達に凸凹や偏りの見られる子どもです。発達の偏りは、目が合いにくい、大人のことばが届きにくく自分の感情や行動をコントロールしにくいといった対人関係やコミュニケーション面での問題になってあらわれてきます。そうしたコミュニケーションの問題の基盤には、感覚レベルの問題があるようです。

　大人になった自閉症スペクトラムの方が、「雨が肩に当たるとすごく痛い」「教室のみんなのにおいに気持ちが悪くなる」などと語るように、特有の感覚の過敏さをもつ人たちがいるのです。感覚の偏りは、触覚や前庭覚（姿勢の変化を感じる感覚）、嗅覚といった体そのものの感覚にあらわれるため、ほかの人が心地よいと感じる刺激を本人の思いとはかかわりなく不快に感じるかもしれないということです。私はどうも嗅覚過敏のために偏食になっていたようです。

　そうした特有の感覚をもっているということは、本人とまわりとの間に共感が生まれにくくなることを意味します。「暑い」と感じている感覚が同じだから「暑いよねぇ」という共感が成立するのです。親が「心地よいだろう」と思ってした働きかけが、子どもにとっては不快なものになっているとしたら、親子ともに悲しいですよね。共感が成立しにくければ、コミュニケーションも成立しにくくて当然です。

　でも、イヤだ、しんどいということをわかってもらえるだけで、子どもは楽になれます。

　体操が嫌いで、その時間になると部屋から逃げ出していた2歳の啓ちゃん。「親子教室」に通いだしてしばらくすると、「音大きい、小さくして」と訴えられるようになり、部屋から逃げ出すかわりに私の机の下に隠れるようになりました。「ごめんね、啓ちゃんには大きい音だけど、みんなには小さいねん、耳ふさいどいてな」とあやまったら、耳をふさいでがまん

してくれるようになりました。健気ですよね。大人にしんどさをわかってもらえるならば自分はがまんしますと、2歳児がみんなに合わせてくれているのですから。

●育てにくくても、親にとってはかわいいわが子

　しんどさをわかってあげるだけでなく、子どもが心地よいと感じうる活動を増やし、親や他児との間に共感が成立しやすくしていくことが、子どもがしあわせに生きていくうえでは欠かせません。そうした取り組みを保障することが保育者の役割なのだと思います。

　子どもの発達に偏りがあると、興味関心が偏ってきます。息子は人間関係や体を使って楽しむ活動よりも本が大好きで、しかも徹底して本の内容を覚えきることに関心が向いていました。だから実践派にはならず子ども時代から観察者で評論家だったのですが、大人になってからは研究者になりました。みんなの中に入らず外から眺めているところを、先生方は歯がゆく感じたのでしょう。私もたぶん発達に偏りがあり、人間関係や体を使って楽しむ活動よりも本を愛するインドア派だったのですが、息子ほどには熱中できる対象がなく、家では勉強するくらいしかなかったために、目障りな妹に腹が立ってしかたがなかったのかもしれません。

　親にとってはかわいいわが子です。育てにくくても、寝顔を見るとやっぱりかわいいわが子です。他人から「問題児」とは言われたくないし、思われたくもありません。わが子の育てにくさに対して、「おもしろいかわいい子だよね」とかわいがってくれ、わが子のよさをふくらませてくれる保育者が親にとっては最大の味方であり応援団なのです。就学するまでに「気になるところをなんとかしなくては」とあせらずに、長い目で「育てにくい気になる子」のよさをふくらませていきたいものです。

④ 子育てには応援団がいっぱい！

●応援団とつながる最初の一歩

　はじめての子育ては、何もかもがはじめてなのでとくに大変です。だから子育てには応援団が必要なのです。「おじいちゃんやおばあちゃんが応援団だ」という家庭もあるでしょう。でも、都市部では祖父母に頼ることのできる家庭はまれですよね。だから助産師、保健師、保育士といった専門家が、みなさんの応援団として働いているのです。赤ちゃんが生まれると、助産師、保健師、あるいは児童委員が家庭訪問することになっていますが、みなさんのご家庭にはだれが来ましたか？
　母子手帳の交付で妊娠中のお母さんに出会い、乳児健診で赤ちゃんとも出会い、ご家庭に予約なしでも訪問できる唯一の公務員が保健師です。だから私は保健師を「公的サービスの宅配便」と呼んでいますが、実際にはお母さんたちからは案外遠い存在になっています。乳児健診を近くの病院で受けることになっている自治体では、18ヵ月児健診まで保健師と出会う機会がありませんし、評価に敏感なお母さんは、保健師さんを自分の子育てを評価する「先生」のように感じるせいか、なかなか率直には相談しにくいようです。
　重症心身障害児やダウン症児の場合であれば、わらにもすがる思いで保健師に子育ての相談をするかもしれません。そうすれば、0歳のときから先輩お母さんを紹介してもらい、ヘルパーさんの活用や、障害児のための

グループ利用などもすすめられ、いつの間にか応援団の手を借りるのが当たり前のことになっていくでしょう。でも、「育てにくい」とお母さんが感じているだけで、はっきりと「障害」があるとはわからない場合には、相談すること自体を敬遠しがちです。「そんなこともわからないの？」と言われるような気がしてインターネットの情報ですませているお母さんも多いことでしょう。

●親子教室は楽しいところ、安心できるところ

　18ヵ月児健診で心配な状況があれば、保健師は「親子教室」を紹介しますが、すぐには出かける気持ちになりにくいお母さんが多いのが実態です。ほかの子よりも遅れているとか「問題だ」と思われることで傷つくからです。そういうときは保健師は家庭訪問をくり返し、お母さんの話を聞き、頃合いを見て「親子教室」をすすめることになります。

　「子育て支援センター」では友だちにパンチしたり、絵本の読み聞かせの際にウロウロしたりするわが子に困っていたお母さん。何度か「親子教室」にお誘いしたけれど妊娠中ということもあって参加されませんでした。2人目の赤ちゃんが生まれて保健師が訪問したのをきっかけに、2歳半で「親子教室」に来られるようになりました。

　お母さんは、2語文が出ているのに手が出てしまうわが子にイライラしたり不安をつのらせたりして、ついつい声を荒げてしまっていたようです。でも、思いきって出かけてみた「親子教室」の小集団がその子には合っていたのでしょう。やる気にはやり前に出たがるし、取り組みが切り替わるときに走り回ってしまうものの、手あそびもスタンプ押しや豆まきも楽しんで、次第に先生の指示に従って待てるようになってきました。

　保育所に入所が決まり、お母さんは「子どもに落ち着きはないけれど、この子はこれでよいのだと自分の気持ちが落ち着いてきました」と笑顔で卒業していきました。最後に「保育所に入ってから何か心配なことがあっ

たら保健師さんに電話してね。保育所に見に行ってくれるから」と、応援団がいることをお伝えしてお別れしました。

　最初の一歩は勇気がいるかもしれません。でも、「親子教室」に来れば、子どもが楽しんでステキな姿を見せるのでお母さんも楽しくなります。「なんだ、応援団に頼ればよいのだ」と思ってくだされればよいのです。そのために専門家がいるのですから。

●専門職の役割と強み

　「育てにくいなぁ、大変だなぁ」と感じながら一人でがんばる必要はありません。どんな子育てにも応援団は必要ですが、育てにくい子、気になる子の子育てにはより一層強力な応援団が必要です。お母さんが気軽に応援団に声をかけることができるような自治体のしくみが求められています。

　地域にはさまざまな専門職の人たちがいます。子どもに楽しいあそびを提供するのは保育士の専門性です。子どもが何に困っていて、どんなよさをもっているのか、なぜそのよさを発揮しにくいのかを把握するのが心理職の専門性です。家庭での子育ての荷を軽くするための取り組みを紹介するのが保健師の専門性です。このように、それぞれに得意なところはありますが、オールマイティーではありません。どんなにすぐれた専門職で

も、一人ではお母さんにとって頼りになる応援団にはなれないのです。

　だから保健師・助産師・保育士・幼稚園教諭・心理職・ケースワーカー・医師などの専門職のみなさんは、自分の地域のほかの専門職の人たちとお互いに顔見知りになってつながりましょう。応援団が必要なのは親だけではありません。応援団員の専門職にも、やっぱり応援団が必要なのです。そうやって互いの強みと弱みを補い合いながら、お母さんたちが地域の専門職に気軽に声をかけることができ、同じように子育てしている仲間に出会えるような地域を一緒につくっていってください。

●保育者はまず保健師さんとつながろう

　そんな地域の応援団づくりの要となるのは、なんと言っても保健師さんです。

　健診のときだけでなく、保育所や幼稚園に入園したあとも、たとえば「教室に入れない」「落ち着きがない」といった「問題」を園から指摘されたときも、保健師は保護者の相談にのってくれます。「児童発達支援センター」への紹介状も書いてくれます。保育所や「児童発達支援センター」のような専門施設に同行してくれる保健師もいて心強いかぎりです。

　そして保健師は、保育所や幼稚園の先生の相談にものります。保育者と保健師とでできることを探りつつ、必要に応じて専門医や心理職など、ほかの専門職にもつないでくれるので、先生方にも応援団ができます。それぞれの道の専門家がいるのですから、保育者も大変さや悩みを自分たちだけで抱え込むことはないのです。じつは保健師自身も、そうした専門家とつながることで自分のまわりに応援団を構成し、お母さんや保育者の応援をしているのです。

　一人でがんばっているとだれでも疲れてしまいます。子どもたちのステキな可能性を花開かせるために、保護者も専門職も、みんなで応援団をつくり活用していきましょう。

第2章
"これだけは"おさえておきたい
子育て・保育のポイント

1 「育てにくさ」と発達との関係

「変わらんかい!」では変われない

●早く問題を消したくて……

　わが子が育てにくいような問題を出すようになると、なんとかしてその問題を消したくなるのが親の当たり前の心情です。偏食があると「少しでもよいから食べてごらん」と迫り、寝つきの悪い子には「早く寝なさい」と声を荒げます。落ち着きのない子には「座りなさい」「じっとして」と叱りたくなります。逃げ出した子には「戻ってらっしゃい！」と大声を張り上げます。問題を叱ってなくそうとします。いまなんとかしないと将来が心配だからと、叱る頻度が増えてきます。直接子どもに「変わらんかい！」と働きかけるのですが、たいがいは逆効果です。

●「したこと」ではなく「思い」をことばに置き換える

　気に入らないことがあるとまわりの子をつきとばしていた2歳半の高くん。お母さんがそのたびに「ごめんなさいは？」と叱っていたら、「ゴメンナサイハ！」と言いながらつきとばすようになり、お母さんはますます困ってしまいました。

　お母さんが私との面談で話をしていたら、高くんがお母さんのひざに乗

りに来ました。お母さんが私に気持ちを向けているのが気に食わなかったのでしょう。「ゴメンナサイハ！」と大声を上げてお母さんの胸にガツンと頭を打ちつけたのです。お母さんは一瞬息がつまりましたが、「痛い」と泣きそうな顔で言われました。頭をそらして「ゴメンナサイハ！」と再度叫んだ高くんに、「イヤやったなぁ、ごめんね」と私があやまると、にっこり笑顔で立ち直りました。子どものしたことを叱るのではなく、子どもの思いを理解して、その思いにふさわしい「ことば」を伝えていけば子どもは大人のことばに耳を傾けはじめます。

● 「わかってもらえた」と実感できれば、変わっていける

　しゃべることばはコマーシャルとうただけだった小学生のミッくん。こんなにくり返すのだから何か意味があるのかも……と観察したら、イヤなことがあったときには「ハウスシャンメン　ショーユアジ！」と叫ぶことが、機嫌のよいときは「♪コンニチハ　オゲンキデスカ　第一生命デス」と歌うことがわかってきました。彼のコマーシャルに対して、彼の気持ちに合わせて「ごめんね」「♪コンニチハ　オゲンキデスヨ　コンドウナオコ　デス」と答えていたら、散歩から帰ってきたある日、おんぶしていたミッくんを背中からおろしたとき、そのミッくんが私の耳元で「ありがとう」とやさしくささやいてくれたのです。はじめての気持ちに合ったことば。うれしくてうれしくて涙があふれてきました。そのあとミックンは「おかあさん」などのことばを話すようになっていきました。

　コミュニケーションとは思いの伝わり合いなのです。

　「変わらんかい！」という取り組みではなく、子どもが「大人にわかってもらえた」という実感をもって、自ら変わっていけるような取り組みが求められるのです。そのためには大人が子どもの思いを理解することが必要になります。しかしそれは簡単なことではありません。とくに親にとっては大変です。

「子どもの気持ちを受けとめて」と言われても……

● 帰宅してから寝るまでは修羅場

　疲れて帰宅したのに泣きわめくわが子。急いでご飯の支度をしたのに「食べない！」とお皿をひっくり返されれば、「そんなことを言うなら食べなくていい！」とついたたいてしまい、自己嫌悪にとらわれているお母さんも多いことでしょう。寝る前はせめてゆったりと絵本の読み聞かせをしてあげようと思っていても、3冊くらいまでならまだしも次々と読まされ、それでもなかなか寝つかない。それで、このあとも家事をしなくちゃいけないと考えると、つい「もう寝なさい！」とどなってしまい、子どもが泣き出し修羅場になったというお母さんもいることでしょう。
　労働条件の厳しい職場が多い日本では、お父さんが子育てに使える時間はかぎられていて、孤軍奮闘しているお母さんはしんどい思いをしています。お母さんだってだれかに思いをわかってもらえないと、思いの伝え合いをしにくくなるのです。

● 保育者もゆとりを奪われて

　でも、それは保育者も同じですよね。本当は子どもたち一人ひとりの思いをくんであげたいけれど、乳児クラスでさえも1人で5～6人の子どもを保育しなくてはならないし、幼児クラスともなれば1人で30人の子どもを保育しなくてはならないのですから。しかも正規職員が減らされてきている現状では、保育者同士が顔を合わせて話し合うことがますますむずかしくなっています。子どものことを語り合えないでいると、職員間で思

いが伝わりにくくなり子どもの思いに向き合いにくくなってきます。ましてお母さんの思いをくむゆとりなどもてないかもしれません。

　家庭も保育現場も、どちらも厳しい状況ですね。でも、なげいていても状況はよくはなりません。親も保育者も、子どもに腹を立てる前に、まずは子どもはどういう存在なのかについてみんなでふり返ってみましょう。

　子どもはなんと言っても成長期にあります。一箇所にとどまってはいません。子どもが次々に出してくる「問題」に、大人はふりまわされ、悩まされます。しかし、子ども自身にとって、「問題」にはどんな意味があるのでしょうか。

発達することで「問題」を出し、そして「問題」を卒業する

●楽しむことができる場ができるとぐんと変わる

　子どもはぐんぐんと発達していく存在です。あんなに寝つきが悪くて夜泣きをしていた子が、週１回「親子療育」に通いだしたら、しっかりと眠るようになりました。「親子教室」の初回は片づけがイヤで泣きわめいていた子が、３回目には率先して片づけをはじめたりします。

　子どもは自分に合った場に通いだすとぐっと変わります。安心できる場所では、どんどん世界を広げ可能性を花開かせるのです。「叱って」やめさせなくても、子どもにとって楽しむことのできる場を保障するだけで、子どもの世界が広がり子どもは変わります。

●保育者は楽しい取り組みを、親は応援団をつくることを目標に

　子どもが楽しめる取り組みを保障するのは、親の役割ではなく保育者の

仕事です。自分を出せる「安心できる場」を子どもに保障し、子どもが世界を広げることで結果的に「問題」を卒業することを保障する実践を、発達保障実践と呼びます。今すぐに問題をなくすのではなく、子どもの世界を広げ、子どもの可能性を花開かせることを保育の目標にしましょう。

親は、わが子に安心を保障し、わが子の世界を広げてくれる応援団を子どものまわりに増やすことを目標にしましょう。

● 「問題」は子育ての失敗ではなく、子どもの発達の証

子どもの「問題」は、本人にとってもしんどさのあらわれだけれど、それは心の発達の成果でもあります。

人間は、発達するから「問題」を出します。赤ちゃんのときは世界がまだあいまいで、「これでなければイヤ」というほどに好みもはっきりしていません。だからおもちゃを取り上げられても、何か別の物を見せると、今度はそちらに手を伸ばしてきたりします。ところが、1歳児はそうはいきません。取り上げられると泣きわめくし、取られないようにと、近づいてきた子をつきとばしたりもします。「これがいい」と選ぶ力をつけてきたからです。

このように、親にとっては「困る」行動も、子どもが賢くなったゆえの「問題」なのです。もっと賢くなれば、「○○チャンノ！」と自分の思いをことばにして伝え、「ドーゾ」と別のおもちゃを差し出して、相手の譲歩を勝ち取ることもできるのですが、思いは育っていてもそれを上手に実現できるところまでの力がつかないうちは、子どもは「問題」を出し続けるのです。

4歳児のクセも同じような理由で目立ってきます。カッコよい仲間にあこがれて、自分も逆上がりや一人縄とびにチャレンジするのですが、練習してもなかなかカッコよくはなれません。そうすると心が揺れて、気持ちが前に向かず手持ち無沙汰になり、手を口に持っていけば爪かみに、鼻に

持っていけば鼻くそほじくりに、ポケットに持っていけばポケット突っ込みマンに、性器にもっていくと性器いじりがクセになるのです。思いはあるのにうまく実現できないうちはこうして「問題」を出し続けますが、5歳児になって「コツ」をつかみ、教え上手な仲間に教えてもらい効率的に思いを実現しはじめるとクセの頻度はぐっと減少します。

　子どもは一箇所にとどまってはいないのです。発達するから思いが育ち、新たな自分にチャレンジし力をつけていくのですが、うまく力がつかないうちは「問題」を出すのです。子どもの出す「問題」を、子育ての失敗ではなく子どもの発達の証としてとらえ、子どものチャレンジを応援することが子育ての目標であってほしいと願っています。子どもの持ち味によっては、チャレンジが空まわりになりやすかったり、努力が形になるのに時間がかかったりしますが、子どもは前を向いて進んでいく存在です。そのことを信頼して、おおらかに応援し続けることのできる大人でありたいものです。

② 「将来」より「今」のしあわせを大切に

　子どもは前を向いて進むもの。でも、わが子はどうもほかの子とくらべ、足踏みしているように見える。早くなんとかしないと、将来「いい子」になれないのではないか。ゆっくり構えて待っていてあげなくてはと頭ではわかっていても、子どものしあわせを思えばこそ、そんなふうにあせってしまうのも親心です。でも、子どもにとって「しあわせ」とはどんなことなのでしょうか？

子どものしあわせとは?

　子どもが「しあわせ」を感じるための基本的な条件は、「安全で安心できる」環境のもとで、「安定した気持ち」で生活できるということです。安全で安心できる環境とは、「不安と欠乏から免れている」ということを意味します。世界中には戦火で逃げまどい、水や食料・医薬品が不足して命の危機に瀕している子どもたちがいますが、日本の子どもたちの中にも、生後すぐに放置されたり、日々暴力にさらされたり、満足に食事を与えられていない子どもたちがいます。しあわせの基本条件が欠けているのです。

病気のためにつらい治療を受けている子どももいますが、医療スタッフの努力や家族の温かい見守りがあれば、子どもたちの気持ちは落ち着きます。さらに、病院の生活の中に楽しいあそびやステキな文化と出会うチャンスがあり、ともに病気に向き合う仲間がいれば、心の安定感は高まり、より前向きになります。

どんな子どもにも安全で安心できる環境のもとで、安定した気持ちで日々の生活を送る権利があります。

そうした生活の中でこそ子どもたちは、「お父さん、お母さん大好き」「仲間のことも好き」になることができ、そしてそんなふうに感じている「自分のことが好き」と、しあわせを感じて生きていくことができるのです。

「育てにくい子」はしあわせを実感しにくい子

育てにくいところがある子どもは、命の安全が守られた環境のもとで暮らしていても、叱られることが多く「思いを理解してもらえない」ために心が不安定になります。心が不安定になると、家庭や保育所や学校が「安心できる場ではない」と感じられ、自分やきょうだいや仲間に暴力を振るい、まわりの人に身の危険を感じさせるようなことをしてしまったりするのです。

体も大きく力もある真くん。大好きな担任がいない日には、夕方のザワザワした時間帯に不安が高まり、つい友だちをつきとばしてしまいます。園長先生が「どうしたのかな？」と抱きとめてやさしくたずねても答えられません。かえってイライラが高まり、重ねて「どうしたのかな？」と問われてついに園長先生の手をふりほどき、乳児室の網戸を破ってしまいま

した。

　「どうしたの？」とたずねられても、自分でもよくわからない不安感をきちんとことばで表現することは、大人でもうまくできないことです。「わかってもらえない」という気持ちが、みんなをこわがらせるような行為に結びついていったのです。

　園長先生が「イヤだったんだ」とまずは真くんの気持ちを受けとめ、さらには真くんが夕方も楽しめるように大好きな「鬼ごっこ」に取り組むようにしたら、担任がいなくても次第に落ち着きを見せるようになっていきました。

子どもは大好きな大人に「わかってもらえている」「愛されている」と感じて生きることを願っています。

　本当は親や先生が大好きなのに、そのことをわかってもらえないと、いっぱい問題を出してきます。発達したから出している「問題」ばかりではなくなり、心の糸がもつれほどきにくくなって、「二次的な問題」を出してしまいます。大人から見て「育てにくい」子どもは、発達に凸凹があり、ほかの子どもよりも敏感なところがあったり、人とつながるチャンネルが狭かったりと、子ども本人も日々のいろいろな場面でしんどくなりやすいのです。だから先生たちも「気になる」し、親は「子育てに悩む」ことになるのです。

　育てにくい子どもが「問題」を出してきたら、発達の成果として喜ぶとともに、**発達していくうえで必要としている援助がほかの子どもより多く、しかもていねいさが求められるのだと考えましょう。**

　だから親だけではがんばりきれないし、多くの応援団が必要なのだと割り切って、保健師や子育て支援センター、保育所・幼稚園、児童発達支援センターの職員たちに応援を求めましょう。

手がかりは子どもが今好きなこと

　しんどさがあると、しんどさを消したい、軽くしたいと願うのが親心でしょう。でも子どもはそうは思っていません。とくに幼児期までの子どもは自分のしんどさにも、ほかの子との違いにもあまり気がつきません。自分を客観化しはじめるのは小学校高学年以降なのですから。
　子どもはどんなにしんどさを抱えていても、やっぱり子どもです。たとえ病気で入院していたとしても、子どもらしく遊びたいと願っています。好きなことを楽しみたいと思っています。
　「子どもらしさ」とは自分の好きなことであればいくらでもできるし、嫌いなことは絶対したくないということです。

◉並べる賢さ・おもしろさ

　「ミニカーを並べて遊ぶから自閉症なんて言われるんだと腹が立って、子どもがミニカーを並べるとぐちゃぐちゃにして、そのたびに子どもがパニックを起こして2人で泣きわめいていた」と打ち明けてくれたお母さんがいました。周囲の人がそんなふうに母親と子どもを追いつめてはいけませんよね。ミニカーが好きな子は、大好きなお父さん、お母さんにもミニカーが好きになってほしいと願っています。子どもは親に自分の世界を受けとめてほしいのですから。
　ところで、子どものミニカーの並べ方を見ていると、ほとほと感心させられます。必ず一方向に並べているからです。実際に道路を走っている車も一方向ですよね。車がアッチコッチ向いていたら事故になります。その

ことを観察してわかっているということは賢さの証明です。しかも、ミニカーの前後も教えていないのに理解しているのですから。その賢さを大切にして、親も一緒に楽しむ方法はいろいろあります。二車線走行や立体交差などにチャレンジしたり、ときどき右折させて脇道にそれたり、信号待ちや給油をしたりすればよいのだと思います。日々親の運転をよく見ている子どもは、その変化をあそびの発展として受け入れていくことでしょう。ミニカーだけではないあそびの世界が広がります。

●ネーミングを変えたら単調なあそびが魅力的なあそびに

　聴覚過敏のために保育室に入ることができなかった自閉症の章ちゃん。遊戯室で保育者と2人だけで過ごしているときにすることは「ヒモ振り」。この単調なあそびに、それまで根気よくつきあっていた保育者も、だんだんしんどくなってきました。

　「せっかく振っているんだから『新体操ごっこ』という名前にしたら」

とアドバイスしたところ、「新体操ならヒモじゃなくてリボンですよね。ショッキングピンクがいいかしら、ラメ入りもいいですよね」と保育者がわくわくしはじめました。そのことにいち早く気づいたのは4歳児クラスの女の子たちです。

「先生、2人だけで何してるの？」とたずねてくれました。「新体操ごっこしてるのよ」と答えると、「私もやりたい！」と遊戯室についてきました。「ヒモ振り」では魅力はありませんが、「新体操ごっこ」です。女の子たちは章ちゃんのことを「ジョーズ〜」とほめます。日々振っているため手首のスナップが利いていて、実際なかなか上手なのです。

こうして章ちゃんは、女の子たちに認められる中で、あんなに苦手だった保育室にも、女の子たちとなら入室できるようになっていきました。自分の好きなことを受けとめステキに発展させてくれる先生と、自分の好きなことを認めてくれる仲間がいれば、聴覚過敏のしんどさを乗り越えていくのです。

「先生大好き、仲間も好き、そして世界を広げている自分が好き」という思いが、しんどさを乗り越える「心のバネ」となるのです。

子どもの好きな世界を広げていくこと、それは保育の目標そのものですよね。子どもがあそびを広げ世界を広げていく姿は、とてもステキで、そしてかわいいのです。それぞれの持ち味をいかして世界を広げる子どもたちのステキさにふれると、「気になる」と感じて悩んでいた子どもたちの保育が楽しく病みつきになっていきます。保育者の好きな世界に子どもを巻き込むのではなく、子どもの好きな世界に魅力を感じわくわくしながらともに楽しみ、広げていくことのできる「遊び心」が、保育者の何よりの専門性なのではないでしょうか。

③ 乳幼児期に育てたい自己充実感と自己安定感

子どもたちの発達を保障する集団生活とは

● 「次は何をするの？」がわかるまで

　とはいえ、「気になる子」の関心に合わせてばかりもいられないのが、集団生活の現実です。四六時中子どもに合わせる必要はありません。子どもは、生活の区切りで「次は何をするの？」と不安になります。ですから、園になじむまでは職員室で大人相手に過ごしてもよいのです。園での生活の流れが見えてきて、担任のことを支えにできるようになれば、保育室にも入れるようになります。

　保育室に入ることができてきたら、朝、登園してから「朝の会」までの「自由あそび」の時間帯に、その子が「好きなこと」をじっくり楽しめるようにしましょう。楽しいあそびの中でなら、自然に先生や自分につきあってくれる仲間に心を向けることができます。そうやって、仲間と一緒にいることの楽しさを味わうことで、次の活動に対しても、仲間と行動をともにしようと自分で気持ちを切り替えられるような生活を築いていきましょう。

●10％の子を90％の子が受けとめる

　そして、その子が仲間から認められる機会を１日のどこかにつくれるよう工夫しましょう。子どもの好きなことや得意なことをあそびとして位置づけるのです。主活動に位置づけることがむずかしい場合も、たとえば散歩先などで、真くんにとっての鬼ごっこのような（34頁）、その子が好きで得意で楽しめる活動を仲間と共有してみてはどうでしょうか。汽車が大好きな息子が「キハ○○系だ」と叫んだような時に、「みんな、暁夫くんがキハ○○系だって」と保育者が仲間たちを誘ってみるのもいいでしょう。

　先生のことが好きな多くの子どもたちは、先生が言ったことを受けとめる力を持っています。「すごい、暁夫くんは汽車博士だ！」と仲間に認められることで、仲間の活動にも目が向くようになります。10％の「気になる子」を90％の「保育しやすい」子どもに合わさせる前に、10％の子を90％の子が受けとめるほうがはるかにたやすいですし、人間的だといえるのではないでしょうか。

●自分ってなかなかと思える──自己充実感

　集団に目が向くようになれば、集団内で役割を持たせることも大切です。保育室に入ることができてきたＡＤＨＤの咲ちゃん。「朝の会」のお天気調べが大好きで、クラスにとけ込みはじめました。ところが給食の時間に配膳が終わるのを待てず、友だちの給食を食べてしまい、「咲ちゃんなんか嫌い！」と言われるようになって、クラスから飛び出してしまいました。待つことが苦手なので、配膳中に先生とみんなのコップにお茶を入れて配るお当番をさせることにしました。「すること」ができて落ち着いたことはもちろんですが、それ以上にお茶を配ると「ありがとう」とみんなに声をかけられたことで心も落ち着き、お当番をしなくても配膳が終わるのを待てるようになりました。

このように仲間から認められ、「自分ってなかなかじゃん」と自分の力を実感し、**自分を役立つ人間として感じられることを私は「自己充実感」と呼んでいます**。こうした実感を、保育所・幼稚園はもとより、学校でも持ちうるようになってほしいと願っています。

心の安定を保障する家庭生活とは

●親は先生にならなくていい

　集団生活が楽しければ子どもは自分なりに世界を広げ、「問題」を卒業し次のチャレンジに向けてスタンバイしていきます。**親の役割は、子どものチャレンジを応援する、その子のための応援団をつくっていくこと**です。親が先生のようになったのでは子どもはくつろげません。お父さんもお母さんも、夫や妻が職場の上司のように感じられたのでは家ではくつろげませんよね。朝晩を過ごす家庭は、外での生活と同じようにはがんばることのできにくい「くつろぎの場」です。朝は目覚めてから1時間半は脳が目覚めきらないと言われています。半分眠っているのですからがんばれません。子どもが朝グズグズ言うのはそのためです。昼間がんばると晩は疲れてくるので親子ともにがんばれません。夕方子どもが甘えん坊でマイペースなのはそのためです。

●終わりよければすべてよし

　家庭ではみんなが甘えん坊でマイペース。だから親も心にゆとりがなくて、子どもにイライラして当り散らしたり夫婦ゲンカしたりするのです。でも、みんなが甘えん坊だからこそ、素の自分を安心して出すことがで

き、「深い心の絆」が形成されもするのです。

　お父さんだけが疲れているのではありません。母も子も疲れています。だから助け合うのが家族です。**大人はちょっとだけがんばって、子どもに食事と清潔と安心を保障したいものです。**子どもがとくに安心を求めているのは、1日3回の「生活の区切り目」です。朝起きる時、保育所や学校から帰った時、そして夜眠る時です。自分の状態やおかれている条件が大きく変わるときに、人間は心のエネルギーが必要になり、やさしさを求めるのです。元気なときには子どもは自分の力を使って遊ぶので、そんなに親を必要とはしません。

　でも子どもがやさしさを求めるときは、親もやさしさを求めているときなのでややこしいのです。今日1日がんばったお母さんだって、心も体も休めたい。ついつい「思い通りに動いてくれない」夫や子どもに声を荒げてしまうのもそのためです。そうわかっているだけでも心が軽くなりませんか。親と言えども、ずっとやさしくなどしていられない。当然です。そんな忙しいご家庭は、せめて夜だけでも「ホッ」と心を休められるようにしてほしいのです。「終わりよければすべてよし」で、子どもが「いい1日だった」と思って眠ることができるようにしてあげたいものです。そのことを最優先にして、家事は明日に持ち越してもいいし、ふとんの中で子どもと抱き合っているうちに親が寝ついていたってよいのです。親のゆったりとした雰囲気が子どもの安心につながり心を落ち着かせるのですから。そして子どもが寝つけずしんどい思いをしているときは、昼間の生活が充実していないのかもしれません。そんな時は、ちょっと勇気を出して、昼間の様子を先生方にたずねるなどして、相談してみましょう。

●情けなくたっていとおしい──自己安定感

　子どもが今日も、ランドセルを片づけず、玄関に放ったままにしていたら、ため息も出るでしょう。でも、甘えん坊なのも、マイペースなのも、

子どもが家庭でくつろげている証拠。情けなくても、だらしなくても、それが「くつろぎのわが家」の証明だと思うと、何かいとおしくなりませんか。そのいとおしさが大切なのです。子どもは発達するから「問題」を出す存在です。しんどいところのある子どもは、「問題」をクリアすることに時間がかかります。そんな「情けなさ」も含めて親がいとおしむことで、子どもは親の愛を実感し、自分の持ち味をいかしながら発達することができるのです。

マイナスも含めた自分をいとおしむ感覚を私は「自己安定感」と呼んでいます。わが亡き夫は「忘れ物の名人」でしたが、だから私は安心して職場の愚痴もしんどさも吐き出すことができました。イヤなこともみな忘れてくれるからです。努力しないでそんなことができる夫と暮らす中で、「母に愛されていないと思い続けていた私」をプラスに感じられるようになっていきました。ある時期にマイナスと思ったことも、人生においてはプラスに転化しうるのですが、そのためには、「そんなあなたが好き」と受けとめてくれる人が必要なのです。

● 「大きくなりたい気持ち」を応援する

甘えん坊の集まりの家庭生活ですが、だから助け合うのも家族の役割。**子どもはお手伝いが大好きです。大好きな親の「ありがとう」が大好きです。**片づけも配膳も「やらされるのは嫌い」ですが、お手伝いとしてだったらがんばります。自分の力を実感でき、「大きくなった証明」として感じられるからです。ことばの指示を受けとめにくい子どもにはよく「絵カード」の利用がすすめられます。そうした絵カードで何かができた場合は「おりこうだね」「よくできました」と評価のことばが向けられますが、お手伝いだと「ありがとう」と感謝のことばになります。私たち大人も、どちらがうれしいかといえば「ありがとう」のほうですよね。

子どもは大きくなりたいと願っています。大人に感謝される自分は「大

きな自分」です。就学後はお手伝いは生活技術につながり生活力になっていきます。「大きくなるからできること」としてわかりやすいことは、お手伝いだけでなく、キャンプのような外泊体験や公共交通機関の利用、好きな野球チームの応援やコンサートへの参加、そして自分の好きなことを趣味として人間関係を広げることだったりします。親の役目は、こうした子どもの「大きくなりたい心」を子どもが好きなことを通して実現できるように応援することです。自分ができなかったことを子どもにさせようとするのは「ないものねだり」。親も子も苦しくなるのでやめましょう。それよりもその子の好きなことを応援するほうが楽です。発達に凸凹がある子どもは、狭いかもしれないけれど「自分の好きな世界」をもっているステキな子でもあります。好きなことを通して「大きくなった自分」を実感させ、持ち味をいかして生きる喜びを感じさせてあげたいものです。

親も保育士も「発達途上人」

　とは言われても、現実の家庭や保育現場においては「思うようにはできない」ことが多いことでしょう。「ほめるべきことを３つ探してほめなさい」などということがよく言われますが、ほめるところなんて見つからない、「叱る種」ばかりが見える時期ってありますよね。だから私は「叱る種」は、じつは発達の成果なのだと強調してきました。

●保育に悩む時は、保育者としての成長の時
　ほめたり叱ったりって、どちらも結局は大人の価値観が優先されてはいないでしょうか。そうではなく、「問題」な行動のもとにある子どもの発

達、子どもの思いを理解し、子どもが力をつけて「問題」を卒業できるような実践を保育者には求めたいのです。それはほめる、叱ることよりもはるかに高い峰です。専門職であるということは、親には見えないものを見る姿勢と資質があるということです。すぐには無理かもしれませんが、そうしたチャレンジをし続けるということが専門職として発達するということです。

実践がうまくいかないとき、保育者は苦しいし、思い悩むでしょう。でも、うまくいかないときこそ新たな発達のチャンスです。「問題」が出てくるのは、あなたが次のステップに上がるために奮闘しているからです。子どものせいでも、まして親たちのせいでもなく、自分が発達するための試練なのです。

でも子ども同様、「問題」は一人では卒業できません。**「大好きな先達」と、自分を認め励ましてくれる仲間がいてはじめて保育の世界が広がるのです。**先達の実践に学び、信頼できる先輩に悩みを語り、仲間と子どもについて語り合うことが保育者の発達の条件です。それが職場から奪われれば、保育者は発達の可能性を狭められてしまいます。

職場では語り合うことがむずかしくても、地域で開かれる研究会や学習会で語り合ったり、学校時代の仲間と愚痴り合ったりすることで、あなたの本来持っている保育者としての持ち味がいきてきます。情けなくだらしなく泣いてしまうあなたをいとおしんでくれる仲間がいれば、あなたはしんどい「問題」とつきあう力を得るはずです。

● 親は親のままでいい

子どもは、場所によって異なる姿を出します。だから子どもの顔のどこ

を見ているかで、親と保育者の感じ方は変わるのです。とらえている子どもの姿やその受けとめ方は、親と保育者とではくい違うものだと思っていたほうが、互いに歩み寄りやすいかもしれません。

　親は保育者ではありません。子どものことを客観的に受けとめることはむずかしいのが親です。日ごろ心配なことでも、他人から「○○ちゃんって落ち着きがないよね」と指摘されるとムッとしてしまうのが親です。わが子がかわいい。だから他人からは悪く言われたくありません。「いっぱいいところがあるのに、なぜ『問題点』だけを言うの？」「集団ではそうかもしれないけれど、家ではちゃんとしているのに」と思ったのは私だけではないでしょう。わが子のよさを認めてほしいのが親心です。

　そして**親はいつでも若葉マークなのです。**1歳の暁夫とはじめて出会い、2歳の暁夫ともはじめて出会っているのですから、迷ったり悩んだり腹を立てたりするのが当たり前。揺れながらも子どもの「かわいらしさ」を実感したいと願っています。ちょっとしたことにも一喜一憂するのが親なのです。まして育てにくい子であれば、しんどさに負けそうな気持ちとたたかいながら「かわいらしさ」を求めています。

　しんどいのはあなたのせいでも、子どものせいでもありません。一人でがんばらずに応援団の力を借りてください。読んでしんどくなるような本は読まないで、話すと気が楽になるような相手を探しましょう。ママ友？　保健師？　子育て支援センターの保育士？　心理相談員？　何よりも、手のかかる同じような子を育てているお母さんたちとは一番共感できることでしょう。そんなお母さんたちと出会える場を専門家に教えてもらいましょう。インターネットの情報はあなたの子どもに沿ったものとはかぎりません。情報にふりまわされていると、子どものステキな姿を見逃すことにもなりかねません。

　子どもはみな、お母さんのことが大好きです。お母さんをかんだり、髪をひっぱったりするのは、自分の気持ちを上手に表現できにくいからで

す。でも腹が立ちますよね。だからすぐに「問題」をなくすための特効薬がほしくなるのです。**日々のイライラを軽くするためには、子どもが楽しんで力をつけられる場と、お母さん仲間が必要なのです。**

● お父さんにも仲間が必要

　お父さんはどうでしょうか。仕事が大変で長時間働いて疲れていると、お母さんの話を聞くのも億劫になります。お母さんの手伝いも、子どもと遊ぶのも、心と体にゆとりがないとチャレンジしにくいですよね。せっかくチャレンジしても、わが子がなついてくれないと腹が立ちます。どういうあそびをしたらいいのかも、日ごろの子どもの姿を見ていないとイメージしにくいものです。

　でも、子どもがお父さんと同じように車好きだとしたらドライブは楽しめそうです。新幹線を見に行くのもいいですよね。共通の好きなものができると「男同士だぜ」とぐんと距離が縮まりますが、それは幼児期の後半以降でしょうね。それまでは割り切って、ゆとりのある時にお母さんの買い物のエスコートや美容院の間の子守りをするくらいで許してもらいましょう。

　同じような子どもをもつお父さん同士が出会って一緒に飲むうちに、お母さんに対する感謝やねぎらいの気持ちが湧いてくるかもしれません。**このねぎらいの気持ちが大事なのです。**自分はまだまだ父親として未熟だけれど、同じく未熟なのに毎日がんばっているお母さんはえらい、という思いがあれば、それが伝わってお母さんも前向きになれるのです。人間は一人ではがんばれません。自分を認め受けとめてくれる人がいるから、お父さんも苦手な子育てをがんばれるのです。お母さんにはお母さんを認め受けとめてくれる応援団が必要なように、お父さんにもお父さんを受けとめてくれる仲間が必要なのです。療育や保育の場がこうした父親の出会いの場になることを願っています。

④「育てにくさ」と障害——診断を受けることをめぐって

　「育てにくさ」や「気になる」ところがある子どもは「障害」があると言えるのでしょうか。「障害がある」ということは、社会生活を送るうえで継続的な支援が必要な状態だということです。「気になる」という段階で「障害か否か」を親や保育者が判断するのはむずかしいですよね。大切なことは親子が楽しく毎日を過ごすことです。そのためにいま何ができるのかという視点で考えてみましょう。

「気づきの支援」——わが子の"持ち味"に気づける支援を

　私は18ヵ月児健診後の発達相談を担当していますが、厚生労働省は18ヵ月児健診後の「親子教室」、そして「親子療育」などといった「児童発達支援事業」の取り組みを「気づきの支援」と位置づけています。障害であることに気づき障害を受容することを課題としているのです。ですから、こうした「児童発達支援事業」を利用する際には障害の診断や判定は不要です。保健師が必要だと考え、親も通ってみようと思えば利用できるのが「児童発達支援事業」なのです。ただし児童発達支援事業を利用する

ための受給者証は必要とされます。受給者証や事業所利用のための契約書には「障害児」という用語が出てくるため、保健師や事業所は親が利用を躊躇しないように配慮しています。

　しかし私は、この「気づき」は「障害に気づく」というよりは、わが子のよさやしんどさという「かけがえのない持ち味」に気づき、わが子の持ち味を大切にして応援してくれる人たちが、自分たちのまわりにいることに「気づく」ことだと考えています。親も子も、たくさんのステキな応援団と出会えば、前向きによさを発揮することができるのです。育てにくさのある子どもにはていねいなオーダーメイドの子育て支援が求められます。

診断はていねいな支援につながってこそ意味がある

　それは障害名を知ることと必ずしもつながるわけではありません。大切なことは日々発達しようと前向きに生きているその子自身を理解することです。

　育てやすく気になるところのない子どもも含め、どの子も「自分を愛してほしい」「自分を認めてほしい」と願って生きています。発達がゆっくりだったり発達に凸凹があったりするために、よさが見えにくい子どもは、愛を実感しにくかったり、認めてもらいにくかったりするから、ほかの子以上にていねいに深く理解することが求められるのです。「障害がある」ということは、当たり前の生活を送るうえで特別な支援を必要としているということです。本来もっているよさが、発達の凸凹からくる「問題」に隠れて、親からも保育者からもまわりの仲間からも理解されにくいとき、その子のよさをみんなが理解できるようにと受診するのです。障害

があるという診断は、ていねいな支援と結びつくことによってはじめて意味をもつのです。

地域の応援団をもっと豊かに

　親が診断を嫌がったり不安に感じたりするのは、子どもにとっての診断の意味が見えにくいからですし、自分の成長過程において「障害」がマイナスなこととしてイメージされてきたからでしょう。「早い時期にわが子のことを深く理解できてラッキー」「早い時期に応援団と出会えて、わが子にオーダーメイドのていねいな取り組みが保障されてラッキー」と思うことができるほどには、わが国の障害者施策が充実していないということなのです。
　発達上の支援の必要な子どもは、生まれてくる子どもの約１割いると言われています。１割ということは決してめずらしいことではないということです。「発達支援」といっても特別なことではありません。子育て支援と障害児支援の境目もはっきりしないと考えてよいのです。だからみんながもっと気軽に専門機関や専門家を活用し、わが子のよさとしんどさとユニークなかわいらしさを見つけられるように、妊婦健診から乳児健診、乳児健診から「親子教室」や「親子療育」への取り組みを充実させたいものです。そのためにも、保育所・幼稚園から保健師にどんどんアプローチしてください。保健師も高齢者対応などで忙しいですが、地域の未来としての母子保健の充実を願って仕事をしています。子ども関係の専門家が手をつなぐことで、それぞれの仕事が豊かになっていくとしたらすばらしいですよね。

そして特別な支援を必要とする子には、ていねいな支援を気軽に受けられる場が地域にもっと開かれる必要があります。保育所や幼稚園に通いながらていねいな支援も受けることができるよう、園内に過敏な子どもも安心できる場や職員体制を整え、園だけではしんどくなったら児童発達支援事業を活用して小集団の療育も受けられるような柔軟なしくみをつくることが自治体には必要なのです。

　子どもたちは思春期になれば自分を見つめ直します。発達に偏りがあり「気になる」と言われたことのある子どもは、自分とほかの子の違いに気づきしんどくなったりします。無理にみんなに合わせようとして心身ともに疲れきることもあります。だから自分のよさもしんどさも知って、自分らしく日々を楽しむ方法を学んでほしいのです。そのためにも、小学校高学年までには診断を受け、自分を客観的にとらえる機会としてほしいと願っています。親もそうした見通しで、わが子のよさとしんどさに向き合ってほしいものです。応援団のみなさんは、そんな長いスパンで障害の診断について考え、親を支えていただければと思います。

第3章

どの子もたどる

心の発達のおおまかな道筋

あせらないでも大丈夫──それぞれの時期に大切にしたい子どもの心の世界

　子どもは発達するから「問題」を出す存在ですが、そう言われても子どもの発達を理解する手がかりがないと、大人も不安になりますよね。子どもは育つ中でいろいろなことができるようになって、その過程で「問題」も出すようになりますが、大切なことは、その中で子どもの心に何が育つかということです。

　たとえ勉強ができても、私は「しあわせ」とは感じていませんでした。勉強ができることは自慢だったし自信にもなりましたが、でも小学生時代から「死にたい」と何度も思っていました。「何ができるか」ではなく、自分の好きな世界を尊重されること、そして自分とまわりの人を信じられること、好きと感じられることが、子どもにとってのしあわせなのではないでしょうか。

　だから、それぞれの時期の子どもの心の世界にとって大切なことは何かをみなさんには理解していただきたいのです。そこでここでは、どの子もたどる心の発達のおおまかな道筋をまとめてみました。だいたいの年齢や時期も書き添えていますが、ペース配分や寄り道のしかたは一人ひとり異なります。まわりの子どもたちとの関係でこの子はどんなしんどさを感じているのか、今はどんな発達の準備をしているのかを探る手がかりにしていただけたらと思います。「できるかできないか」「早いか遅いか」ではなく、子どもがしあわせを感じられるために、親と応援団みんなの力を合わせていきたいですね。

1　赤ちゃん時代には、大人を大好きになってね

　赤ちゃんはお母さんのことが好きです。おなかがすいたらおっぱいを飲ませてくれ、眠たくなったら軽く揺すってくれ、お尻が汚れたらすっきりきれいにしてくれ、心地よくなるように抱いてくれるお母さん。自分の体の気持ちよさとお母さんが結びつくとお母さんのことが好きになります。

　赤ちゃんは生まれたときには体の感覚をもっとも発達させています。空腹や不潔さを感じないと身の安全が守られないからです。見たり聞いたり

する潜在的な力は持っていても、一番に使うのは触覚と嗅覚、揺れや姿勢の変化を感じる前庭覚、そして体そのものを感じる固有覚です。この体の感覚が共有できることで共感が成立するのです。大人の働きかけを心地よいと感じやすい赤ちゃんは育てやすいのですが、心地よいと感じにくい赤ちゃんは抱くと体をそらせたり泣いたりします。抱いても泣きやまないどころかもっと泣かれると、お母さんは心底困ってしまいます。

あやしかけにもウォーミングアップが必要

　こうした赤ちゃんにはていねいな働きかけが必要になります。体が心地よさを感じうるように、働きかけはていねいにします。
　急に抱くと、姿勢の変化に過敏な赤ちゃんは不安になって体をかたくしてしまいます。「これから働きかけるよ」と伝えることが必要です。赤ちゃんに大人の指をつかませて「わらべうた」を歌いながら軽く揺すると、赤ちゃんは自分が大人の指を握っていることで少し気持ちが前向きになり、揺れを心地よく感じはじめます。赤ちゃんの手を大人のほほに持っていき触れさせて、次に赤ちゃん自身のほほに触れさせ触覚を開発します。こうしてウォーミングアップしてから抱き上げるのです。
　触覚、前庭覚、固有覚それぞれをていねいに開発し、体の心地よさを感じてもらうのです。こうした働きかけは、日本の子育て文化としてかつては受け継がれていましたが、現在は身近に子どもがいる家庭が減り、赤ちゃんが望むていねいさが伝わりにくくなっています。助産師や保健師、子育て支援センターの保育者が伝えていく必要があります。

心地よさのバリエーションをていねいに広げる

　大人の働きかけが心地よくなると、くすぐりあそびやマッサージ、そして「タカイタカイ」のような少しはげしいあそびも楽しみ、「もっと」というように声を出し、大人に思いを伝えます。大人が大好きになると、大人の持っているものも好きになり、ガラガラを鳴らすといったあやしかけにもよくほほえむようになり、親はかわいさを実感するようになります。大人を好きになると赤ちゃんは、「大人の顔が見たいから」と腹ばい姿勢で顔を持ち上げ、さらには寝返りへの挑戦もはじめます。大人のほうに行きたいと、思うようにいかないのに這う努力もします。大人が使って見せたガラガラに手を伸ばし、自分では使えない物は、声を出して大人に動かすように要求するようにもなります。

　赤ちゃんが世界を広げる基盤には「大人が大好き」という気持ちの育ちがあり、その育ちは「体の心地よさ」の共有からはじまるのです。身体感覚が過敏だったり、逆に鈍感だったりすることは、心地よさを共有しにくいことを示します。それだけに一層、「育てにくい子」にはていねいな取り組みが求められるのです。

② 大好きな大人とともに世界を広げ「したいこと」を築く幼児期前半

大人をまねして世界を広げる

　大人を大好きになった子どもは、1歳代には、大好きな大人のしていることを自分の世界に取り入れていきます。
　でもそのときに、親がしてほしいことではなく、してほしくないことを取り入れる子がじつは多いのです。お母さんが「面倒だから」と足で戸を閉めるとすぐにまねしてくれたりします。ことばもお兄ちゃんの言う「バ〜カ」をすぐに覚えます。おもちゃで遊ばず、親の携帯電話やパソコンのキーボード、コンロのスイッチに関心を持ちます。
　なぜかって？
　大好きな人が真剣に使っている物や、気持ちをこめていることに関心が向くからです。赤ちゃん時代に「心地よさ」という気持ちの共感からはじまった関係は、楽しさや真剣さといった気持ちの受けとめを通して発展するからです。だから大人は子どもが関心を持つ物を「おもちゃ」として変身させて、子どもの心を満たすのです。
　着替えや歯みがきのような「しつけ」において、ことばで伝えたり、子どもがするのを親が手伝ったりするよりも、親がして見せて教えるほうが効果的なのも、子どもは大人が真剣に取り組んだこと、楽しんでいること

を取り入れるからです。

　そして、自分が取り入れた世界の中でとくに好きなことがはっきりしてくると、子どもたちは好きなものを取られたくないからとケンカをしたり、かみつく姿を出してきたりします。「好きなもの」を選び取る力をつけるのです。でも多くの子どもは大好きな人たちとの関係の中で育っているため、大人とともに世界を広げ好きなものをどんどん広げていきます。

「物」の魅力にひきつけられて

　「育てにくい子」も同様に、大人のしていることを取り入れるのですが、大人の気持ちよりも、大人が取り扱っている対象である「物」そのものへの関心が強くなりがちです。もともと共感の成立が弱いうえに、物の変化には法則性がありわかりやすいため、「人」より「物」のほうに気持ちが向くようです。

　ミニカーを並べるのもブロックをつなぐのも真剣。物に関心が向いている時には大人の声が耳に届かず、指示に従わない姿が出てきてしまいますし、関心も広がりにくくなります。またことばを取り入れてはいても、物の状態や自分の状態とことばを結びつけるために、場にそぐわないことばを言い、気持ちが伝わりにくい「やりとりのしにくさ」を大人は感じてしまいます。

「イッショ」を手がかりにつながる

　2歳をすぎると、物とのかかわりを深めてきた子どもは賢さを広げ、物と物を関係づけてあそびの幅を広げます。積み木やブロックを並べたりつなげたりします。ままごとも本格化し、おなべに野菜を入れてかきまぜたりします。

　子どもは頭の中に「イメージファイル」を形成し、目の前のものだけでなく、目の前のものに「似たもの」をそのイメージファイルから検索し、「みたてあそび」を展開するようになるのです。この時期のあそびの発展にはイメージの力と大人とのやりとりが大きな役割を果たします。

　たとえば、子どもが作ったままごとの「料理」を受け取るとき、「カレーおいしいね、おかわりちょうだい」と大人がことばをそえると、イメージがつながった「つもりのある」あそびへと発展していき、一層楽しくなるでしょう。そのようにして大人が子どものあそびにこたえることで、子どもの頭の中のできたてほやほやの「イメージ」の線路はさらに延び、駅が作られていくのです。

　「おとなが一緒だと楽しい」という実感の中で、おとなとのやりとりに「ことば」が乗るようになると、さらに思いが伝わりやすくなります。その一方で子どもは、自分のイメージがおとなに受け入れられないと「イヤ」と怒り、自分で最初からやり直そうとするほど、自分を表現するようにもなります。

　「育てにくい子」もイメージの世界を持っていますが、物と、物の扱いで構成されたイメージなので、「自分なりの扱い方をする」ことが目的と

なり、物が「イッショ」であることにこだわる姿が出てきます。おとなが参加することが物の扱いの妨げと感じられると、やりとりが成立しにくくなります。共感という「気持ち」のうえの「イッショだねぇ」が弱いのに、あくまでも自分が関心を持っている「物」のイッショにこだわるため、切り替えが下手でやりにくいという姿が表立ってしまいます。

だからこそ、子どもの好きな世界を「イッショに」楽しむ姿勢が求められるのです。自分の「好き」が尊重され大人といると「好きな世界」はもっと楽しく広がるという体験を保障し、「大人ってまんざらでもないじゃん」と大人との活動を好きになってもらうことが、この時期の子どもには大切なのです。そして仲間と一緒に紙ふぶきを楽しんだり、パラバルーンで風を感じたりすることもおもしろいのだと実感すると、大人だけでなく仲間にも目を向け世界を自分から広げていくのです。

③ 仲間の中で「認められたい心」が育つ幼児期後半

自分もまわりも見えてきて

　仲間に目が向きはじめるこの時期、子どもたちはカッコいい仲間にあこがれます。幼児期前半に大人と世界を広げることでさまざまなことが「できるようになった」という思いが「もっとできる仲間」の存在への気づきにつながるのです。

　こうしたあこがれの気持ちは、「自分もカッコよくなりたい」という願いにつながり、苦手で避けてきたことへのチャレンジもはじまります。でも、4歳児はまだ不器用でチャレンジするわりには成果が上がりにくく、心が揺れやすくなります。保育者のアドバイスも、「がんばる」ことへのエネルギーをふくらましてはくれますが、じつはその肝心の「意味」が十分に理解できていないことが多いのです。そうすると、せっかくの「がんばり」も「無駄な努力」に終わってしまいます。園でがんばりすぎて、家では情けない甘ちゃんになり、「二重人格？」という姿を出す子もいます。チャレンジしても成果につながりにくいために心が揺れ、いろいろなクセも出るし、「ふざけ」たり、嘘をついたり「告げ口」したりと親が気になるような姿も出してきます。

　子どもたちは日々の生活の中で大人のことばにしっかりと耳を傾け、5

歳をすぎて、大人がどのような意味でことばを使っているかを理解しはじめると、チャレンジの勘どころを把握しはじめます。先生がしてくれたアドバイスに沿って練習してみることや、「教え上手」な仲間に教えてもらうといった効率的な学習方法を身につけるのです。

　集団への帰属意識が高まるにつれて、仲間のこともじっくりと観察するようになり、「ボールをけるのは上手だけど、やり方を教えてくれないからケチ」というように、多面的に評価するようになります。「ケチだからちょっと嫌い」というような、「好き・嫌い」だけではないグレーゾーンも成立してくるのです。

仲間の中に位置づける

　ところが「気になる」といわれる子どもはさまざまな過敏さを持っていることが多く、仲間たちの行動に目を向ける前に、集団のさわがしさや仲間の行動の先の見えにくさに気持ちが崩れ、保育室にいられない、自分の好きなもののそばから離れられないなどの「集団行動のとれにくさ」が目立ってしまいます。一方、仲間のほうはクラスの仲間の行動に目が向いているため、「ヤッちゃんたら、またお部屋に入らないの」などと「気になる子」の行動の「おかしさ」に気づき、同調する子や「告げ口」する子が出てきて、保育者のしんどさが拡大してしまいます。

　また、保育者のことばの意味するところの理解が遅れがちだったり、空間認知に弱さがあるために、遊戯室や園庭などの広い場所ではどこに位置してよいかわからず、むやみに走りまわる、高いところにのぼるなど、集団生活においてどうしても目立ってしまいます。

しかし彼らも仲間に目が向きはじめているため、仲間に受けとめられていないということは感じます。だからこそ、この時期は、１対１で受けとめるだけではなく、仲間とともに楽しく過ごしたい思いに応える保育が求められます。小集団でじっくりと遊び込むことや、子どもの好きなことをクラスで大切に位置づけることも必要です。
　「国旗マイスター」に運動会の万国旗のことを教えてもらう、「身体図鑑」の好きな子には本格的なお医者さんごっこで出番を用意する、こだわりも「おたく」としてでなく、「博士」「達人」「名人」という称号を付与するだけで、仲間たちの「あこがれるカッコよさ」に変身します。この時期保育者は、仲間の中でその子の持ち味がいきるような体験を、保育の中で意識的に保障したいものです。

わが子の持ち味をあたたかく見守り応援する

　このような、集団の中で評価されるといった体験は、まわりに仲間がいてこそなので、家庭の中では生まれにくいものです。親は、外の世界でわが子が持ち味をいかすことのできる機会をどう保障するかを考えたいものです。そして家では子どもを叱るのではなく、「そんなあなたが大好き！」、何よりもこのメッセージをわが子に送ってあげてください。仲間の中でがんばっている子どもにとって一番の安らぎは、親のあたたかな胸に抱かれることなのですから。記憶に残るこの時期、子どもたちには「お父さん、お母さんがかわいがってくれた」という実感を残してやりたいものです。

第4章
「育てにくい子」「気になる子」の
子育て・保育Q&A

1　親からの質問コーナー
――家庭での「育てにくい子」の子育てにかかわって

　本章では、長年乳幼児の発達相談に取り組んできた中で、お父さんやお母さんたち、保育者の方たちから受ける「よくある質問」を、家庭での子育て（本節）と、保育所や幼稚園での保育（次節）とにわけてまとめてみました。子どもは一人ひとり異なる存在ですし、家庭や保育所・幼稚園の置かれている条件もさまざまですから、答えは一つではないでしょうが、手がかりにしていただけたらと思います。

　家庭では子どもは甘えるのが当たり前です。でも、親は家事やきょうだいの子育てもあって、してやりたくてもできないことがいっぱいあります。だから親子のまわりにたくさんの応援団が必要になります。地域の保健所・保健センター、子育て支援センターや児童館といった支援機関、さらには児童発達支援センターや児童発達支援事業などの療育の場を活用したほうが子育てはぐっと楽になります。しかし残念ですが利用してみないとそのよさが実感できにくいため、足を踏み出すのに時間がかかる親もいます。そうしたことをふまえたうえで、保育所や幼稚園のとくに園長先生は、日ごろからこれらの機関と連携し、親がより利用しやすくなるための方策を検討していく必要があります。地域に活用できる資源がなければ、どうすればつくることができるのかを関係機関のスタッフで検討することも必要になります。そんな見通しを持ちつつQ＆Aを役立ててください。

Q1

寝つきが悪いし夜中に起き出したりして大変で……

Answer

●まずは親がゆっくり休もう

　なかなか寝てくれない、毎晩のように夜中に起き出す、などという睡眠に関する悩みは、それにつきあわされる親が睡眠不足になり体力的にきついうえに、「近所迷惑になるのでは？」と考えることで追いつめられやすい問題です。生活リズムの見直しが必要ですが、まずはできそうなことから取り組みましょう。

　毎日のことで大変ですが子どもが元気ならば大丈夫。本人は睡眠が足り

ているのですから、親がゆっくり眠れる条件を保障するほうが先です。一時保育などを活用して一度ゆっくり眠ってください。親がくたくたで倒れそうだというほうが、子どもの生活にとっては大ごとです。

● 児童館や子育て支援センターを活用しよう

　生活を見直すゆとりがあれば、生活を少し変えてみましょう。私たち大人は昼間充実した時間を過ごすと心地よく眠れるし、何か気になることやイライラすることがあると寝つきも悪く睡眠も浅くなります。子どもだって同じなのです。

　子どもは、昼間運動不足だったり楽しく過ごせていないと、寝つきは悪くなりがちです。戸外に出るだけで子どもの活動量は増えるのですが、「公園が遠い」「公園に行っても同じ年ごろの子どもがいない」「下の子もいて大変」だったりすると、外に出たくなくなりますね。児童館、子育て支援センターなど室内の遊び場は、家とは違うおもちゃがあり、すべり台や室内ブランコ、ジャングルジムのような大型遊具があるのも魅力です。親も子も、それぞれに仲間も得やすくなります。下の子の世話やほかの子とのトラブルが気がかりだと足が重くなるでしょうが、家の中や公園で親が一人で遊ばせようとするよりも、職員が常駐している場のほうが気楽です。**「出かけた先で楽をする」つもりで一歩を踏み出しましょう。**

　保育所や幼稚園に入園したあとも寝つきが悪い場合は、保育所や幼稚園で子どもが心身ともに満足できるあそびに取り組むことができているかを、保育者と話し合ってみましょう。あまりに睡眠障害が大変な場合は、子どもを対象にした専門の場に相談してください。医師が相談にのってくれます。

● 眠るときは甘えたいとき

　疲れていれば自然と眠れるものだと思いがちですが、それでも子どもに

とっては、起きている生活から睡眠という別の生活への切り替えを意味するため、じつはエネルギーを必要とすることなのです。だから子どもは母親に甘え、乳房をさわり、指をしゃぶって自分を切り替えていくのです。親がゆったりと自分に向き合ってくれているかに昼間以上に敏感になっています。早く寝かしつけるというよりは、「よい1日の終わりを迎える」というスタンスが大切でしょう。自分も疲れているから子どもと一緒に寝て、残った家事は早朝に片づけるくらいの気持ちでいたほうが気は楽です。絵本を読んでいるうちに親のほうが先に眠っていたってよいではないですか。親がしあわせを感じていれば子どももしあわせなのですから。

Q 2
子どもが私の言うことを無視するのでうまくやりとりができません。

Answer

●子どものしていることへの共感からはじめよう

　私たち大人のやりとりも、自分の関心に共感し理解してくれる人との間で成立するものです。子どもが大人に合わせるのは大変。大人がまず先に「子どもに合わせる」というスタンスが必要です。と言っても「言うは易く、行うは難し」で、家では子どもの関心にそう合わせてはいられません。家事もあるし、きょうだいもいるのですから。そのために子育て支援センターや保育所や幼稚園があるのです。プロの手も借りて、無理のない暮らしを築きましょう。

　1・2歳児でも家庭で取り組みやすいのは「お手伝い」です。子どもが関心を向けた行動をお手伝いとして演出してみましょう。洗濯物を渡してもらう、食卓にランチマットを敷くなど関心のあることをしてもらい、たとえ上手にできなくても、「ありがとう」と声をかけることで、やりとりしている雰囲気ができます。またふとんの中では子どもは甘えん坊です。マッサージをしたりギュッと抱きしめたりすると一体感を感じやすくなります。

●絵本や図鑑を活用しよう

　幼児の後半になると、子どもは、自分の関心に心が向いているときには、そのことに没頭して、まわりのことは「上の空」になります。子どもの関心につきあえるといいですね。そのために便利なのが絵本や図鑑です。図書館で借りてイッショに読みましょう。ゲームは一人あそびに陥り

やすくやりとりが成立しにくいので、本のほうが便利です。特定のテーマにこだわると心配になるかもしれませんが、好きなものができたということは、そこを手がかりとして、子どもとかかわれるチャンスができたという意味で、「ラッキー」と思いましょう。

● 「こだわり」を共通項に仲間が広がることも

　好きなものをいかしてテーマパークに行ったり、博物館に行ったりして世界を広げることも可能です。こだわりは一人でしているから「こだわり」と言われますが、小学生になって好きなものを楽しむ仲間ができれば「趣味」になります。「こだわりの味」「こだわりの技」「こだわりの芸術」、**まわりの世界に開かれたこだわりはステキな文化に変身していきます**。楽しみですね。

Q3
落ち着いて食べてくれないのですが……

Answer

食事がなかなかスムーズにいかないと、1日に3度ある食事のたびに親はイライラしてしまいますね。長い目で取り組むことと、当面できることの両面から考えましょう。

●集中が切れたら片づけよう

落ち着いて座っていない、遊び食べといった問題は1歳後半から目立ってくるようです。でも食べる量が少なくても子どもが元気なのであれば心配する必要はありません。

3歳をすぎて生活が見通せるようになれば食べるようになってきますし、保育所や幼稚園で仲間との関係が楽しくなると食も進むようになります。1日の生活の流れの中で、だいたいこのくらいのタイミングで食事の時間がきて、それがすめばまたあそびの続きができること、ちゃんと食べないとおなかがすいて元気がでないことなどがわかってきて、仲間と一緒に食べる食事そのものが楽しめるようになってくるからです。それまでは、食事の意味が理解できないので、自分から気持ちを向けていくことはまだむずかしいでしょう。だから少し工夫が必要です。

子どもは好奇心のかたまりなので、戸外で食べる、仲間と食べる、お好み焼きを焼くなど、いつもとは違う新鮮な雰囲気だと食べやすくなります。**時々は新鮮な雰囲気で食べることにチャレンジし、毎回の食事は集中が途切れたら片づけることにして、「時期を待てば」よいのです。**

もちろん、食欲を育てることも大切です。散歩で歩いたり、公園のすべ

り台で遊んだりして、適度に体を動かすことにチャレンジしたいものです。

●環境や雰囲気で落ち着くことも

　親が「食べさせなくては」とムキになると、かえって子どもは食べないものです。ぬいぐるみをテーブルのまわりに座らせて、食べさせっこをするだけでも雰囲気が変わります。ふきんでテーブルをふいたり配膳したりといった簡単なお手伝いをすることで食事に前向きな気持ちになったりします。「お父さんに食べさせてあげて」とお父さんのお世話をすることも、やる気を広げます。落ち着いて座ることのできるイスも大事です。足が床に着くイスのほうが落ち着きやすいようです。

　保育所や幼稚園に入園すると運動量も増えるので、おなかもすいて、食欲は以前よりは増すものです。それでも落ち着きのない場合は、立とうとしたら「お皿、流しに持っていって」などと片づけてもらい、最後は「ありがとう」でしめくくり、子どもなりに「食べた」と思うことができるように演出しましょう。

Q4

偏食がひどいのですが……

Answer

●偏食といっても理由はいろいろ

　偏食も基本的には時間が解決します。でも、毎日のことだからとあせってしまいますね。

　偏食というとわがままだと思う人が多いのですが、偏食にはそれなりの理由があります。1歳後半から偏食が目立つのは、子どもに「選ぶ力」がつくからです。好きなものを選び嫌いなものを避けるから、大人から見たら偏食ということになるのです。嫌いになる理由もさまざまです。

　アレルギーがある場合には、自分を守るために「キライ」になる子がいますが、それ以外は、感覚の過敏さが偏食の原因になっていることが多いのです。口腔にへばりつく感覚がイヤでパンが食べられなくなる、口のまわりにべとつくのがイヤであんかけなどの調理形態のものが食べられないといった姿が出てきます。嗅覚が過敏な場合は、においのきつい野菜や特定の風味のものが受けつけられなくなります。

　学童期まで「偏食の女王」だった私は、嫌いな献立をつくるにおいがしただけでキレていました。高学年になり偏食はましにはなりましたが、出されたものをまあまあなんとか食べられるようになったのは大人になってからです。嫌いなものを「まあいいか」と受け入れられるようになったということです。その分、好きなものの好きさが減少し、大福やチョコレートのようなお菓子や、桃・バナナといった果物を姉妹と取り合った日をなつかしく感じています。受け入れられる世界が広がり、嫌いな食品の「嫌い度」が私の中で相対的に小さくなっているのです。

幼児の場合、世界がまだ狭いために心の中での「嫌い度」が大きく、嫌いなものを避けざるを得ないのです。それでは偏食は放置してよいのでしょうか？　嫌いなものがあるのは当たり前のことですから、少々の偏食であれば、幼稚園や保育所に行くようになって仲間に目が向けば軽減されるので心配する必要はありません。心配であれば、空腹の時に食べること、戸外で食べるなどの新鮮な体験を工夫すること、食べさせ合いやお手伝いなど、子どもが食事に主体的に参加できる取り組みをしてみてください。

●感覚世界を広げる取り組み

極端な偏食への取り組みにおいて大切なことは、偏食の原因になっている子どもの感覚世界の狭さに対する取り組みや、不快体験の軽減の取り組みを工夫することです。トランポリンやブランコのような揺れの感覚、マッサージやボールプールのような触れる感覚など体全体の感覚世界を広げ、受け入れられる世界を少しずつ広げていくことが、遠まわりのようでじつは重要な取り組みとなります。こうした取り組みは家庭では困難です。先生方に相談してください。

●本人が元気なら大丈夫

せっかくつくったのに食べてくれないと腹も立ちますし、このままで大丈夫なのかと心配になりあせるのですが、**本人が元気なら大丈夫。"少し食べてくれればめっけもの"ぐらいの姿勢でいたほうがいいでしょう。**無理に食べさせたり、逆に、「食べてくれるなら」と好きなチョコレートを毎食食べさせるといったことは、問題を長引かせることにつながります。

食べられる食品を基本に、少しずつ献立のバラエティを広げていきます。冷奴を食べるのなら湯豆腐など豆腐料理の幅を広げる、ヨーグルトなど白い食べ物も試してみるなどといった具合です。「食事は楽しむもので苦しむためのものではない」というスタンスで乗り切っていきましょう。

Q5

着替えや洗髪を嫌がるのですが……

Answer

●着替える気持ちにさせるには？

　着替えや洗髪の意味が理解できていないうえに少し過敏なところがありそうですね。

　着替えは意味がわからないとしにくい行為です。大人でも休日で１日家にいる場合には、パジャマから着替えなかったりジャージで１日を過ごすことがあります。「出かけるから着替える」というのが子どもにとっては自然です。パジャマから服に着替えるのも、散歩で汗をかいて帰宅後に着替えるのも、「お出かけ」というメインイベントが生活に位置づき見通しが持てるからです。着替えて出かける先、着替えたら○○するという楽しみがほしいですね。着替えは生活の見通しに関係深い生活習慣だということをおさえておきましょう。

　このように、**見通しにつながるようなメインイベントを用意しつつ、次は着替えそのものに関心を持てるように工夫してみましょう**。ぬいぐるみの着せ替えで練習する、湯上りのお父さんとタオルでふきっこする、ズボンをトンネルにみたてて、「汽車ぽっぽー」などと言いながら足の「汽車」を通すなど、子どもの気持ちを盛り立てて、うまくできればほめることも必要です。

　どうしても服を着ることがイヤだという子は、触覚の過敏さがあると思われます。肌に触れる感覚がイヤでたまらないのです。だっこされれば親の服と接触します。だっこがイヤでなければ、だっこを通していろいろな素材に慣れていきましょう。

●お父さんの飛行機も効果的

　洗髪は通常は嫌がるものです。シャンプーが目に入って痛い思いをしたことがあればなおさらです。目をつぶっていなければならないということだけでも子どもには恐怖ですし、不安定な姿勢で片手抱きされているのも不安を拡大させるからです。シャワーが痛いと感じる子もいます。

　シャンプーハットをかぶりイスに座っての洗髪が可能になればぐっと楽になります。また、遠まわりのようですが、ブランコや坂すべり、父親の足に乗る飛行機など不安定な姿勢でも楽しめるような工夫や、マッサージなどで過敏さを軽減することも、洗髪に慣れていくことにつながります。そしておふろの時間そのものが好きになるように、湯船におもちゃを浮かすことや、シャボンで遊ぶこともいいですね。してもらうばかりでなく、親の背中をゴシゴシしてなどと頼まれると、子どもは主体的におふろを楽しめるようになるでしょう。シャワーが苦手な子には、洗い桶にためたお湯を少しずつかけることを試してください。ご近所には「洗髪が苦手で……」と愚痴っておきましょう。共感してくれる人は必ずいます。

Q6

トイレでの排泄を嫌がりますが……

Answer

● 「ナイ」「イヤ」は普通の反応

　3歳までは神経質にならないでいいですよ。毎年、幼稚園就園を控えた子の母親からトイレの相談が持ち込まれます。「大丈夫、なんとかなるから」と答えていますが、結局みんななんとかなっています。

　おしめを取ることに母親が必死になりすぎると、子どもに吃音が出てきたり、大便をテラスで隠れてしたりと、かえってややこしくなってしまいます。トイレでの排泄が子どもの要求になりにくいのは、子どもにとって意味が見えにくいからです。この時期の子どもは、好きなあそびができてくるため、好きなことをしたいと思っています。それを「トイレは？」と親が中断するのですから、「ナイ」「イヤ」と拒否するのが普通です。

　さらにトイレは大人向きにつくられていて子どもには使いにくいのですから、トイレ嫌いになってもしかたがないともいえるのです。

● タイミングの工夫

　必死になりすぎると逆効果、とは言っても、トイレの自立に向かうには、トイレに誘わないというわけにはいきません。そこで少し意識して取り組んでみたいのは、**トイレに行くことの意味が見えやすい時間帯にトイレに誘うことです**。散歩に出かける前や入浴の前など、トイレに行って排泄しておいたほうが楽しめそうな時間帯を選びます。また寝起きは排尿のグッドタイミングですから、寝起きのいい子の場合、ここで排泄すると成功しやすくなります。「お父さんが行くから一緒にトイレに行こう」と誘

い、モデルを示すのもいいかもしれません。

● 踏み台で安心

　トイレを使いやすいものにすることも大切です。洋式トイレに補助便座を設置しても、子どもからしたら、より足のつかない高い位置に乗せられることになるため、恐怖感につながりやすくなります。足を乗せられる踏み台を置くだけでも安心感が違います。しばらく便座に座っているためには楽しみも必要です。トイレのドアに好きなキャラクターのポスターを貼る、閉塞感を嫌う子にはしばらくは戸を半開きにしておくといった配慮も必要です。

● ゆっくりスタートで大丈夫

　トイレでの排泄を急ぐあまりにトイレ嫌いを生まないということが大切です。トイレ嫌いを修正するほうがエネルギーがいるからです。生活の見通しが持てるようになる２歳後半から取り組んでも、決して遅くはありません。仲間に目が向けばトイレにも自分から行けるようになるのですから。

Q 7

指しゃぶりがひどいのですが、欲求不満でしょうか？

A nswer

●**歯並びには影響しません**

　1・2歳児は指しゃぶりが「マイブーム」の時期です。気にしないでください。すべての子どもが指しゃぶりをするわけではありませんが、親が強く気にしはじめるのは、たいてい歯科検診で「指しゃぶりをやめさせないと歯並びが悪くなる」と言われてからでしょう。しかし、この時期の指しゃぶりは一過性で、通常、3歳ごろには頻度が減ってくるので歯並びには影響しません。

　1歳の後半をすぎると、子どもは両手を使って道具を使いこなすようになっていきますが、両手を使いたいのに上手に使いこなせない場合に片手を口に入れてしまうのです。ですから、**指しゃぶりは「手持ち無沙汰の証明」**と考えて、両手を必要とするままごと道具やブロックなどのおもちゃで一緒に遊んでいると、手を口に入れる頻度は減っていきます。

●**自分で不安をまぎらそうとする成長の証**

　またアンテナのセンサーが細かい賢い子どもの中には、遠くで変な音がした、今日は知らない人がいるなど、生活のちょっとした変化に気づき不安になって指をしゃぶる子がいます。母乳を吸って安心する子よりは少しお姉さんになっていて、母親に直接安心を求めるのではなく一人で健気に耐えようとしているのです。タオルをしゃぶるのも同じような心理です。

　「もう少ししたら、お母さんのお友だちのおばちゃんが遊びにくるよ」とか、「今日はお兄ちゃんの学校にお出かけしようね」などと、予測され

る生活の変化についてはあらかじめ伝えておく、指よりはタオルをしゃぶるほうが親は安心ならばタオルを渡す、安心できるキャラクターのおもちゃをお守りとして持たせることなども効果的です。たいていは３歳ごろには指しゃぶりを卒業していきますが、それは生活が見通せることによる安心感が作用しています。

　叱っても問題は解決しません。かえって不安が拡大し指しゃぶりに頼り続けることになります。就寝時の指しゃぶりは甘えのあらわれです。軽く背中をたたく、手足をマッサージするなど、スキンシップを通して安心感を保障することが大切です。

Q 8

爪をかむようになりました。やめるように言ってたら、親が見ていないところでかむようになってしまって……

Answer

●クセを出さずにはおれない時期

　爪をかむ、髪の毛を抜く、鼻くそをほじくる、性器をいじくるといったクセは3歳後半から目立ちはじめ4歳代にピークを迎えます。仲間に目が向き、仲間と同じことができるようになりたいと新たなチャレンジをはじめたこの時期、チャレンジしても思うようにできるようにならないために、子どもの心は揺れてしまいます。心が揺れるために前向きになれず、手持ち無沙汰になってクセが出るのです。この時期はいわば**クセの「マイブーム」の時期なのです**。叱っても、ほかのクセに形が変わるだけです。クセを出さずにはおれない時期だからです。叱られるとかえって心の揺れがひどくなりクセを卒業しにくくなります。

●時間が必要

　子どもたちは5歳代になると、体の器用さが増し、まわりからのアドバイスも的確に理解できるようになります。そうするとチャレンジしていることを上手にクリアできるようになりクセを卒業していきます。ですからクリアする力をつけるために必要な1年あまりの時間をおおらかに見守るとともに、手持ち無沙汰なときには簡単なお手伝いを頼みましょう。

　保育所や幼稚園など外の世界で、仲間にあこがれて揺れているわが子を、わが家では「役に立つしっかり者」として位置づけ、「あんたにもいっぱいいいところがあるよ」と気づかせてあげたいものです。

母が直そうとがんばった私の爪かみは60年以上続いていますが、息子は中学生で卒業しました。小学校までは、担任が変わるたびに爪かみが出ていましたが、それは「先生のことを信頼できていない」目印だと思っていました。現在はとてもきれいな爪をしています。「無くて七癖」というくらいです。気楽に考えましょう。

　目をパチパチさせる、鼻を鳴らすなどのクセは「チック」と呼ばれ、本人は無意識にしています。最初は心の緊張状態からはじまりますが、大人が気にすることで、かえって心の緊張が高まり、卒業しにくくなります。小学生になっても続くようであれば、脳の活動の問題としてお薬が処方されます。薬が効くことも多いので、長引くようなら医師に相談しましょう。

Q9

1日に何度もかんしゃくを起こすので疲れ果ててしまいます。注意したりおさえたりすると余計にひどくなるので、外にも出られません。

Answer

●どんなときかんしゃくが起きる？

かんしゃくを起こすのはどんなときですか？

遊んでいるのに片づけさせられるとき、公園から無理やり帰らされるときなどのように、自分のしたいことを途中で止められたときが多いのではないでしょうか。意に沿わない状況やわかりにくい状況では、かんしゃくやパニックを起こしやすくなります。よくあるできごとです。

親は「そろそろ食事だから」などと見計らって、子どもの行為を中断させるのですが、子どもはそうした見通しを持ち合わせていません。あくまで自分なりの見通しで遊んでいるために、一方的に理不尽にやめさせられると感じて全身の力を使って抗議するのです。

●区切りは事前に予告する

子どもの行為を区切るためには、子どもが次の行為を見通せるようにすることが必要になります。

区切りが近づいたら、子どものあそびに大人が参加し、子どもが大人のことばや働きかけを受け入れやすい状況をつくりましょう。そして次にすることが理解しやすい手がかりを示します。

たとえば、もうすぐご飯だからおもちゃを片づけるという場合は、食事が理解しやすいように、テーブルをふくふきんを見せるという具合です。片づけも親がするのを手伝ってもらうという感じにしたほうが、子どもは

興味を持ちます。急な中断、一方的な中断にならないように、ことばだけではない見通しを保障しましょう。

　とはいえ、危ないものや危ない場所に近づく場合は、かんしゃくを起こそうが止めねばなりません。スーパーのお菓子売り場で泣かれたり、座り込まれるのも困りますよね。子どもはほかに注意を向けることがなければお菓子などにこだわります。買った商品をマイバスケットに入れて運ばせるなど「すること」を用意し、こだわる機会を減らすようにしてみましょう。3歳をすぎてきたら、買い物の前に「何を買うのか」をあらかじめ話しておき、本人に心積もりをさせておきましょう。自分で決めた買い物であれば、子どもは約束を守ろうとします。忘れないようにメモを持たせることも大切です。

●一人で抱えず応援団に相談しよう

　かんしゃくを起こすと、壁や床に頭を打ちつけるといったはげしい行動をする子どももいます。こだわりが強く見通しも持ちにくい子たちです。親としてはたまりませんよね。

　抱いて落ち着かせるのも一つですが、そうするとかまれたりして親も腹が立ち、ついたたいたりしてしまいます。家庭では子どもだけ静かな部屋に入れて落ち着くのを待つのも一つです。私は子ども時代パニックになると、泣きわめきながら押入れでふとんをたたいたりかんだりして落ち着きを取り戻していました。

　子どものかんしゃくにイライラするようでしたら、先生や保健師さんに相談しましょう。

Q 10
スーパーでじっとしていないし、すぐに行方不明になるんです……

Answer

● 「すること」をつくろう

　エネルギッシュな子どもですね。することがないとエネルギーが空まわりしやすいので、「すること」をつくりましょう。エネルギッシュさに目的ができれば、すばらしい働き者になれるはず。楽しみですね。

　多動な子どもはエネルギー水準が高く、「すること」を求めています。何もしないで待つことが一番苦手です。何もすることがないと、「すること」を求めて走り、興味を持ったもので遊びだしてしまいます。魚のパックを指で押す、おもちゃ売り場のミニカーを床に並べる、エスカレーターに何回も乗る、自動車を見つけて駐車場に飛び出すなど危険なときもあります。そんなときは、言って聞かせてもおとなしくしていてはくれませんから、あらかじめすることを用意しておきましょう。子ども用の買い物かごを持たせて、買うものを運ばせるだけでも少しは落ち着きます。

　お父さんも一緒に出かけられるなら、お母さんが買い物をすませる間、お父さんとゲームコーナーで遊んでもいいのですが、それではほかの日にお母さんとだけで来るときに危険です。1・2歳の時期は、子どもをお母さんから離すよりも、お父さんもバッグを持ち、家族でイッショに買い物をしているという演出をしたほうがいいでしょう。幼児期の後半であれば、親の買い物の間くらいはゲームで遊んでいられます。

● あふれるエネルギーを体を使うあそびに

　落ち着きがない場合は、**動くエネルギーを生産的な形で満たすことも必**

要です。体を使うサーキットあそびや山のぼり、家庭では小型トランポリンや体を動かすゲームソフトで遊び、学童期にはスポーツを楽しめるといいですね。仲間と一緒に活動すると自分のペースを越えてがんばるため、適度に疲れて落ち着くことも出てきます。

Q 11
片づけが苦手で困っています。

Answer

●収納場所はわかりやすく

家の広さにくらべて物が多すぎませんか？

まずは大人が片づけることからはじめたいですね。片づけは「収納場所」がわかりやすいことが大前提です。収納ケースの設置場所は子どもと相談して、なるべく部屋の隅のわかりやすい場所に設定しましょう。位置の認知が苦手な子どもも、端っこのほうがわかりやすいものですし、見えやすい場所のほうが理解しやすくなります。

小学生になったら、ランドセルの中を整理しやすくするために、教科ごとに「透明な袋」に教科書やノートを収納させるといった工夫も効果的です。

●主導権は子どもに

どの引き出しに何を入れるかも子どもと相談し、収納ケースの引き出しに「収納すべきもの」がわかるようにマークや文字をつけます。「わかりやすさ」に加え、子どもは親に相談されて自分で決めると、自分の意思が尊重されたと感じるため、守りやすくなります。

片づける際には「片づけなさい」ではなく「片づけるのを手伝って」「これはどこだったっけ」と子どもに主導権をもたせたいものです。押しつけられるのは大人も子どももあまり好きではありません。

●「いい加減」は「良き加減」

でも片づけが本当に苦手な子は、いろいろ工夫をしてもなかなか成果が

上がりにくいものです。少しでもできたらめっけもの、毎日の片づけには目をつぶり、たまの大掃除の時に少しでも手伝ってくれれば感謝しよう、近所の大人たちがほめてくれるような町内会の草抜きや清掃を遊び半分で手伝うことができればなんとかなるくらいの大きな気持ちでいましょう。

　「いい加減さ」は言い換えれば「良き加減」なのです。「いい加減さ」を「おおらかないい人」に育てていくことができたらステキですよね。わが子らしい「良き加減」を親は把握していきたいものです。

Q 12

友だちをかんだりつきとばしたりしてしまい、嫌われて困っています。

Answer

　ことばでケンカする力がつくまでは力ずくの行為がメインになります。少し時間がかかることを覚悟したうえで、かむ、つきとばす原因に沿って対策を考えてみましょう。

●物の取り合い

　物を取り合ってのケンカは当然のできごとです。自分の使っている物を取ろうとする子がいると、使っている物が光り輝いて見えてきて、それを取ろうとする相手のことが腹立たしくなります。さっきまで使っていたおもちゃも同様です。さんざん遊んで飽きたから自分で手放したのに、それに手を出してくる子がいると、そのおもちゃが急に光を増し、取り戻したくなります。自分だけのものにして、人には渡したくなくなるので、取った子をかむ、近づいてきた子をつきとばすといった行為に走るのです。口ゲンカがスムーズにできるようになるまでの時期、子どもは力づくになりやすいのですが、あまりにひどい場合は保育者や保健師に相談してみましょう。

●出番があれば落ち着ける

　興奮しやすい子どもは、友だちにいきなりハグして押し倒すなど乱暴なかかわり方になってしまいがちです。片づけなどあそびが中断する場面では、ほかの子どもに攻撃性が向かいやすくなります。本来はひょうきんで人気者になれる資質をもっているのに、力がありあまり、一方的なかかわ

りになってしまうのです。興奮しやすい面は体を使う活動でしっかりと発揮し、家庭では「おふとん敷くの手伝って」などと役割を果たしてもらうなど、興奮しやすさを働き者として位置づけ、気持ちを落ち着かせていきます。

●**本人のよさを認める**

　こだわりが強すぎるために、自分の「こだわり」を妨げる相手に暴力を振るう子がいます。世界が狭いから「これでないと」という気持ちが強くなるのです。関心が広がると「まあいいか」とゆずる姿が出てきます。そのためには、たたいちゃだめと教えたり、「ごめんね」と言えるようにすることを急ぐよりも、あそびの幅を広げることのほうが大切です。

　保育所や幼稚園に入園すれば、さまざまな活動に出会えるので、仲間の活動に目を向けられる機会が増えるでしょう。家庭ではあそびを広げるゆとりは少ないでしょうから、お手伝いで関心の幅を広げてみましょう。「こだわり」は必ずしも「悪いこと」ではありません。こだわりの味も、こだわりの技も、社会にとっては大切な文化です。親はわが子の「こだわり」を「うちの子のよさ」としていかす道を考えたいものです。

　行動が荒々しくてなかなか止められないため、ことばが伝わりにくいように見える子の中には、過敏で賢い子もいます。じつはまわりの状況はよく見えていて、大人のことばもよく耳に入っているのです。でも、自分が集団内でどう位置づけられているのかにも敏感なため、集団場面で不快な状況が続くと、不快さを「死んじまえ」「殺すぞ」などの乱暴なことばであらわし、まわりを不安にさせたりします。まずは本人の不安の軽減が大切です。

　いずれの場合でも、**本人のよさが集団内で認められると乱暴な言動はぐっと減少します。担任とよく話し合ってください。**

Q13

友だちがなかなかできません。

Answer

●同年齢にこだわらなくていい

　同じ年齢の友だちはできにくいものと割り切りましょう。

　発達に凸凹があると興味に偏りが生じやすく、まわりの子と関心がずれやすくなります。友だちとは、自分と興味や関心が合い、「話題を共有できる人」なので、同年齢には友人ができにくいのです。でも同年齢の子たちのあそびを「見ているだけ」でも、世界は広がっています。息子のように「みんなが遊んでいるのを見るのはおもしろいなぁ」と思っているだけでもいいのです。「イヤだ、嫌いだ」と思っていると園がつらい場所になります。友だちとのあそびを求めるよりは園生活を楽しむことを目標にしたいですね。

　発達に凸凹がある子は、どちらかというと２歳上や２歳下がうまくいくようです。２歳上の子は余裕があるため話題を合わせてくれますし、２歳下の子は単純に子どもの知識や取り組みにあこがれてくれるからです。**大人になれば友情と年齢は関係ないのですから、親も年齢にこだわるのをやめましょう。**

●「こだわり」が共有できる仲間を探す

　でも友だちがいないとやっぱり心配になりますよね。その場合には、友だちをつくりやすい状況を用意しましょう。小学生では囲碁や将棋のクラブ活動で知り合った地域の高齢者が「よき友」になることもありますし、さらに思春期をすぎれば、趣味を手がかりにネットのオフ会で同好の先輩

と出会うこともあるでしょう。中学生以降は息子のように「好きな科目の先生」がよき話し相手となる場合もあります。また障害が診断されている場合には、同じ障害の仲間同士の「セルフヘルプグループ」で似た子と出会うとぐんと勇気づけられます。

　話の合う人がいることが大切なので、成長過程でそういう人と出会うことができる機会をつくるのが親の役目だと割り切りましょう。

Q 14
きょうだいゲンカがひどくて困っています。

Answer

●きょうだいゲンカは宿命

「きょうだいゲンカは犬も食わない」と開き直りましょう。

1・2歳になるときょうだいゲンカが頻発しはじめます。1・2歳児は親や兄姉のしていることを積極的に取り入れる時期です。兄や姉の使っているおもちゃや画用紙がとても魅力的に見えます。それですかさず手を出すと、当然兄や姉は怒るのですが、それで引っ込む1・2歳児ではありません。しつこいので兄姉はたたいて泣かせてしまい親に叱られることになります。この時期のきょうだいゲンカは一種の宿命なので割り切るしかありません。あまりにひどくて兄が弟の首をしめたり、おなかをけったりしたらレフェリーストップです。そうでなければ放っておきましょう。そのうちクールダウンします。兄姉は家ではあそびをじゃまする存在として弟妹を邪険に扱っていても、外では弟妹を守るやさしい兄姉であることのほうが多いものです。おもちゃの取り合いなどのケンカは日常茶飯事ですから、危険がなければ放っておきましょう。

●手のかからない子へも「かわいい」と思う気持ちを伝える

それよりも**注意すべきなのは弟妹へのやきもちからのいじめ**です。親はどうしても幼いほうの子をかばいがちですし、いつまでも甘やかしがちです。兄姉が4・5歳になると、家族の中の自分の位置を意識するようになり、「お母さんは自分よりも妹をかわいがっている」と思うと、たいした理由もないのに下の子を暴力やことばでいじめ続けるようになり、きょう

だい関係が悪化します。

　「どの子もかわいい」と思っていても、子どもに伝わらなければ意味がありません。1対1で接する機会をつくることや、子どもが甘えたい帰宅時や就寝時に上の子にもスキンシップを図るなど、**かわいいという思いを具体的に伝える努力が必要です**。とくにきょうだいに障害がある場合は、障害のないきょうだいは親の大変さを感じるだけに、自分の気持ちを表現することをがまんしがちになります。素直に甘えられる時間を大切にしましょう。

② 保育者からの質問コーナー
──保育所・幼稚園での「気になる子」の保育にかかわって

　現在では保育所・幼稚園に障害児が入所することが当たり前のことになり、以前よりは保育者からの相談は減少しました。どちらかというと、障害と診断されていない、いわゆる「気になる子」のことで悩む保育者が多いようです。

　「気になる子」は、外からは「障害がある」とは見えにくいのが特徴です。そのため、集団内でトラブルを起こしたとき、まわりの子や親から非難され問題視されたり、親自身が子どもの「問題やしんどさ」に気づいていないということが保育者の悩みの種となります。保育者として子どもにどうかかわるかだけでなく、親やまわりの人たちに何をどのように伝えたらよいのか迷うからです。そして「気になる子」の保育では、とくに集団生活上のトラブルで困っておられることでしょう。そうした問題の背景にある発達上の弱さと対応の方法について考えてみました。

　さらに障害があると診断されている親への対応、「問題に気づいていない」親への対応についても考えてみましょう。

Q1

イスに座っていられる時間が短くすぐに動き出すので、まわりの子も影響されて困っています。

Answer

●集中しやすい環境をつくる

　何のためかわからずにただ座らされて待たされるのは大人だってイヤですよね。

　子どもが保育者に集中するためには、集中しやすい環境が必要です。すぐそばにザリガニの飼育箱があったり、自分の好きな自動車が目に入ったりすれば注意はそれてしまいます。保育者に集中しやすいように、おもちゃコーナーにはカバーをかけて目に入りにくくすることも必要でしょう。手に何も持っていないと物を求めて動きたくなるので、保育者が話している間を待てるように「当番カード」「○○ちゃんの必殺お守り」を持たせておくこともいいでしょう。自由あそびのときに保育者がじっくりと遊んで、子どもの心が保育者に向きやすくしておくことも必要です。見通しを持ちやすくするために、スケジュールを見えやすいところに書いておくこともいいでしょう。

●どこに座ればいい？　の不安を取り除く

　座る意味や状況がわかっているのに席をすぐに立ってしまう子の場合には、理由を分析する必要があります。

　たとえば、「体育座り」のように、イスなどがなく直接床に座らされるというのは、自分の位置を決めにくい子にとってはしんどいことです。自由に選んでいいよ、というのが苦手だからです。座る位置を決めるところ

ですでに不安がふくらんでいたり、ほかの子とトラブルになってイライラしていたりして、保育者に集中する気持ちが低くなっていることがあります。遊戯室や園庭でも、自分がどこにいたらいいかがわかりにくいと不安になります。それで、空間内で見えやすく「わかりやすい」ピアノの上やジャングルジムにのぼって叱られ、そのためにさらにイライラして離席したり走りまわったりしてしまうのです。位置が決めにくい、わかりにくい子には、保育者が「手がかりとなる」心の座標軸を保障する必要があります。旗を立てる、床にテーピングする、本人のイスを置くなど位置が一目見てわかるような工夫をしましょう。イスが体に合っていないと不安定になり動いてしまう場合もあります。

● 順番も目で見てわかるように

　順番を待たされる場合には、見通しを持ちにくい子は「早く取り組みたいから」と前に出てしまいます。クラスがまだしっかりしていない夏までの時期は、こうした子が先に取り組めるようにしたほうが保育者は気が楽でしょう。まわりに支えられて、仲間のことが目に入るようになれば、「見てわかるように」ホワイトボードにマグネットで順番を示すなどの工夫がいきるようになります。

● 「すること」を明確に

　自閉症スペクトラム児の中には、保育者の行動をコピーする子がいます。まわりの子どもと同じことをする「子ども役割」は苦手ですが、子ども集団とは違ってクラスの中でも目立つ保育者の行動は見てわかります。それで保育者の横に出てきて、保育者のような口ぶりで仲間に指示を出して仲間から嫌がられたり、まわりの子も影響されて次々に前に出てきたりするため保育者が困ってしまいます。座っているのがむずかしい場合は「お当番」演出も大切です。悪気がないため「叱られること」が受けとめ

られないことが多く、「お当番が終わればイスに座る」という演出のほうが無難です。

　落ち着きのない子は、「すること」を求めて動いてしまいます。叱られると気持ちが高ぶり、ますます落ち着かなくなります。動いたときは「みんなに色紙を配ってね」「これをゴミ箱に捨ててね」と「お手伝い」に変えて、気持ちを落ち着かせましょう。

　活動の提示の際には「手に持つことのできる物」を最初に取りに行かせると、手に物を持つことで気持ちを落ち着かせることにつながるでしょう。「最初に」というのがポイントです。いっせいに物を取りに行かせると他児とぶつかりケンカが起きやすくなるからです。落ち着きのない子のロッカーは一番端にして他児とのぶつかり合いを減らし、グループごとに取りに行かせることでさらにぶつかり合いを減らして、1日のはじまりを叱られない「心地よいもの」とすることで、子どもの行動も落ち着きを増してきます。

●楽しい活動が一番！

　しかし**一番大切なことは、子どもにとって楽しい活動が保障されていること**だということを忘れないでください。楽しいと仲間に目が向き、心も落ち着いてくるのですから。

Q2

給食が食べられなくて困っています。

Answer

●安心できる居場所をつくる

　保育所が居場所になれば食べるようになります。まずは居場所づくりに取り組みましょう。障害の有無にかかわらず、安心できない場所ではだれでも食欲もあそびへの積極的な要求も出にくくなります。**園の中に居場所をつくり、そこを拠点にして保育室に居場所を拡大し、給食を食べたくなる環境にしましょう。**

　まずは子どもが落ち着ける場所を探しましょう。

　保育室は子どもの数が多く刺激が強すぎて安心できないという場合は、まずは職員室を居場所にするのが無難です。だれか職員がいて安全を確認できること、ほかの子どもたちがあまり来ないので落ち着けること、子どもの好きなパソコンや電話、ソファーなど家庭にもあるツールがあり安心できるからです。でも、なんと言っても大人のための部屋。子どもが遊べるものが少ないことが難点なので、遊ぶことができそうであればだれも使っていない遊戯室を活用するといいでしょう。どんなあそびが好きかを確認できます。

　クラスがざわついている時間帯は静かな場所を居場所として活用し、クラスが落ち着いてくれば、保育者とともにクラスに参加します。給食はクラスの子どもたちとともにする活動なので、クラスの仲間に目が向けばクラスでともに食べられるようになります。大人を支えにしている子どもは、保育者と一緒であれば給食にも参加できることが多いのですが、嫌がるようならばしばらくは保育者と2人でみんなが見えるテラスなどで食べ

てもよいのです。心が落ち着きみんなに目が向くようになる秋には、クラスで食べられるようになりますから。

● 困り方・嫌いな理由はさまざま

　偏食については、みんなに目が向けば少しずつ食べられる献立が増えます。家庭では食べるのに保育所では食べられないというときは、味の問題もありますが、それだけではなく、食器や配膳方法などちょっとした環境の違いが、本人にとっては大きな違いとなっていることが想定されます。以前かかわった子どもは、料理の過程が見えないことが不安につながっていました。クッキング保育の日には食べることができたことで、彼の困り方が理解できました。そこで、給食室と協力して完成前の状態を見せてお手伝いしてもらうことで少しずつ食べられる献立が増えていきました。

　クラスに安心していられるようになれば、みんなでのクッキングや栽培した野菜の収穫などを通して、「食べてみようか」と思うものも増えていくでしょう。

　でも偏食は理由があるのですから無理強いはしないでください。「偏食の女王」である私は、この歳になって「カレーはにおいが嫌いだっただけでなく、自分の体に合わないから避けていたんだ」とわかりました。カレーを食べると翌日下痢をすることに今になって気づいたのです。どうも香辛料の刺激がよくないようで、マーボ豆腐も海老チリも下痢してしまいます。アルコールも30分後には下痢を起こします。体が吸収できにくいから「嫌い」だったものもあるということです。

　そうしたこともふまえて、**保育所・幼稚園時代には食べられるものが「少し増えればいい」**くらいのスタンスでいましょう。子どももそのほうが気持ちが楽になり、結果として仲間の食べているものを「食べてみようか」と思うようになります。

Q3

保育室に入って遊べません。

Answer

●まずは大人との関係づくりから

　子どもにとって大切なことは、**まずは大人である保育者との関係を築くことです。**

　大人との関係ができれば、保育者を支えにして、さわがしい保育室でも短時間であれば過ごせるようになります。保育者との関係づくりは、子どもの好きな活動や関心を共有することではじまります。1・2歳の発達段階の子どもは、園庭を走りまわる、パズルをはめるといった単純なあそびも保育者が共有することで楽しさが広がります。幼児期後半の発達の場合は、時刻表や図鑑など本人の関心に保育者が心を向ければ、会話が広がりあそびのアイデアも生まれてきます。

　園庭でもテラスでも仲間が多数近寄って来ると、保育者との関係が中断されやすくなり不安になるので、はじめのうちは少人数で楽しめるように保育者間で調整したほうがよいでしょう。保育者と楽しめてきたらクラスの子も2・3人誘って、小グループで楽しさをふくらませることもできます。だれもいない遊戯室で遊んで、そこに気の合いそうなクラスの子を誘ってもよいのです。

●参加しなくてもクラスの雰囲気を感じることができるように

　4月から6月くらいまでの期間は、1人体制の場合は自由あそびの時間帯に担任が、加配の保育者がついている場合は課業の時間帯に、まずは保育者との関係を築き、この関係を支えにして少しずつ保育室で過ごす時間

を延ばしていきます。保育室にはその子が好きな教材のコーナーを設置し、みんなの活動には参加しなくてもクラスの雰囲気を浴びることに慣れていきましょう。

●参加したくなるような活動を工夫する

　みんなの中に入るには、保育者との関係を支えにしつつも、子ども自身が参加したくなる活動が必要です。クラスの活動は、子ども自身からすると興味を持ちにくかったり苦手だったりする活動なので、参加したくなくて当然ともいえます。本人が「楽しい」と感じられる活動とはどのようなものなのかを検討してください。

　散歩、リズム、水あそび、描画などは、各自が自分の発達レベルで楽しめる活動です。その際にも、本人のペースで参加できるように工夫したいものです。みんなが団子状に固まっていることが苦手であれば、みんなが活動したあとに少ししてみる、小グループ単位で取り組み、団子にならないようにする、描画は好きなものを描かせるなどの工夫が必要です。

　その子どもの好きな活動をクラスの活動に位置づけることも大切です。発達に凸凹のある子どもの場合、自分の好きなことを大切にしてくれると仲間に気持ちが向きやすくなります。マークをすごろくやカルタにして遊ぶ、遠足の際に地下鉄の経路を教えてもらう、時刻表に掲載されている情報を駆使した「電車ごっこ」を取り組むなど、いろいろな工夫が楽しめそうです。

Q 4
クラスの子どもたちをたたいたり、つきとばしたりするので困っています。

Answer

● トラブルはどんなときに起きますか？

　まずは、いつどんなときにしているか、観察してみましょう。
　子どもとのトラブルは、仲間の中に入ることで増えてきます。場所やおもちゃの取り合いなどは理解しやすいのですが、何も悪さをしていない子をたたいたりつきとばしたりすると、「どうして？」と保育者は不安になります。たずねても答えてくれずに暴言をはいたりされると余計に困ってしまいますよね。そんなときは**複数の目で子どもを観察してみましょう**。暴力を振るう状況が見えてきます。

● 子ども自身も困っている

　お話もよくできるし特定の知識も豊富なのに「死ね！」と暴言を吐いたり仲間をつきとばしたりと、保育者を困らせる行動をするときは、じつは子どもも困っているのです。集団場面で何をしてよいのか、いつまで待てばよいか、どこに立てばよいかがわかりにくい、何をすべきかがわかっているのにうまくできないなど、困っているから不安で思わず口走ってしまうのです。その不安は受けとめてもらえず先生に叱られてしまった、仲間に助けを求めたつもりが「イヤ」と拒否されてしまった、といったようなことが心をイラつかせるために、暴言や暴力が出てしまうのです。

● 仲間に認められていると実感できるように

　暴言や暴力は子どもが「たすけて」と叫んでいることなのだと理解しま

しょう。集団内で自分の好きなことや得意なことが受けとめられ認められたと感じるようになると、こうしたイライラは減少し、よさが光るようになります。集団生活において自分が認められていると実感できにくい前半期に「問題」が多発します。Q1で説明したような手がかりや、Q3で説明した保育者との関係づくりを保障しつつ、「イヤだったんだ」「しんどかったんやな」と気持ちを受けとめ、暴言ではなく「イヤだ」「しんどい」と、ことばで思いを伝えることを教えていきたいものです。言語化が苦手な子には「絵文字」のような「絵で気持ちを伝える」といった方法を、実際に描いてみせてすすめるというのも有効でしょう。しかし何よりも大切なことは「仲間に認められている」という実感だということを忘れないでください。

● 蓮くんすごーい！

　不器用で鉄棒にぶら下がるのもしんどかった5歳児の蓮くん。運動課題を避けるだけでなく、日々表情が暗くなっていました。自分の「できなさ」にしんどくなっていたようです。担任は家庭で蓮くんが母親のケーキづくりやお菓子づくりを手伝っていることを知って、園でも「クッキーづくり」に取り組むことにしました。『ノンタンのたんじょうび』（キヨノサチコ作・絵、偕成社）の絵本を読んでクラスで「クッキーのたね」をつくりはじめましたが、みんなは「耳たぶほどの柔らかさ」がわかりません。蓮くんは体で覚えているため、クラスの仲間に実演して教えてくれ、おいしいクッキーができあがりました。「蓮くんすごーい」という女の子たちの礼賛に、鉄棒の取り組みへの意欲が生まれ、ぶら下がりができるようになり、さらに前まわりにも挑戦しはじめました。仲間に認められる体験は子どもに勇気を与えるのです。

　暴力的ではないけれど幼い心を痛めている蓮くんのような不器用な子どもも含め、みんなにステキなよさがあることを保育者には大切にしてほしいと願っています。

Q5

トイレに行くことができるようになった子なのですが、ときどきパンツの中におしっこやうんこがもれていることがあります。それも保育者にはすぐに伝えないのです。

Answer

　子どもの心理的緊張が強そうですね。2・3歳児であれば心配しないのでしょうが、4・5歳児ともなれば心配ですよね。泌尿器系の機能に問題がなければ、心理的な問題ということになりそうです。あそびに夢中でもらしてしまうということは、男の子にはありがちですが、ちょっともらしてがまんしているという場合は遺尿・遺糞といって、緊張が高くしんどい状態として対応を工夫します。

●不安の原因を探る

　健ちゃんは、乳児期から保育所に通っていた子どもさんですが、年長の夏になっても遺糞がなくならず、心配した担任が耳元で「うんこ大丈夫？」と小声で声かけをしていたところ、ある日、保育所のトイレにうんこを塗りたくってしまいました。そこで、園に見に来てほしいと、私のところに相談がきたのです。朝から様子を見ていたら、水筒やタオルなどの身のまわりの物をうまく片づけられず、床に放置していました。「朝の会」をはじめるために担任が「このタオルだれのかな？　先生がもらっちゃおうかな」と言った途端、顔がこわばっていくのがわかりました。

　知的には問題がないのですが、担任のことば「先生がもらっちゃおう」を、そのことばどおりに受けとめたようです。ほかの子は担任が「自分から取りにおいで」と暗に言っているのがわかるのですが、彼には担任が自

分の物をとるように感じられ不安を感じたのでしょう。もしかしたら乳児のときから担任のこうしたことばに傷ついていたのかもしれません。

●不安や緊張を減らす工夫

「健ちゃん、タオルをロッカーにしまって」とストレートに指示を伝えるようにアドバイスするとともに、彼のロッカーを端っこに変えてもらいました。位置認識が苦手な場合でも、端っこは２箇所しかないので認識しやすく、また友だちともぶつかりにくいために持ち物の収納がしやすいからです。その後、遺糞はスーッと消えていったそうです。

集団生活で緊張したりうまくいかないことが続いていると、私たちもトイレが近くなったりもれそうな感じがしますよね。**子どもですから、がまんしていても少しもれてしまうのです。緊張をゆるめられるような対応をしたいですね。**

Q 6

診断を受けていただきたいと思うのですが、保護者にはどう伝えたらいいでしょうか？

Answer

●親のおかれた状況と気持ちに配慮して

　親の生活の現実をふまえ、親の「わが子が大切」という思いを尊重し、ていねいに対応しましょう。

　診断のないまま、障害を疑われる子が入所してくるケースが増えています。就労のために保育所を利用している場合、父母からも、保健師などからも、とくに相談や情報提供がないまま保育がはじまり、2歳前後で集団生活における「問題」が目立つようになってはじめて保育者が心配になるケースが増えています。働く母親は増える傾向にあるため、こういったケースは今後より増加すると思われます。

　保育者は「早く診断してもらう」ことを考えますが、あせると親との間に軋轢が生じます。保育所に入所している子どもの場合、障害の診断を受けたいと願っている親はほとんどいないと言ってよいでしょう。「診断を受けること」が、子どもにとっても親にとってもよいこと、意味のあることと感じられなければ、積極的な行動にはなりにくいのです。

　日本の職場の現状では、わが子に障害があったら「働き続けられないかもしれない」と母親が感じざるを得ない場合が多く、とくに仕事が生きがいになっていたり、母親の収入がないと生活がなりたちにくい場合には、「わが子に障害がある」などとは思いたくないという心理が強く働きます。まずは、親の職場や仕事の条件に目を向けて、子どもに障害があるとわかっても、親が安心して働くことのできる条件を確保することが大切で

す。園長を中心に、保健師、児童相談所、児童発達支援センターや児童発達支援事業などの療育の場と、日ごろから連携しておくことが大切です。

　3歳以降に入所した場合も集団生活のトラブルが目立つ子どもがいて、保育者は診断を求める気持ちになります。健診の事後フォロー体制が整い「親子教室」が運営されている自治体の場合、保健師は「問題を出しそうな子ども」はほぼ把握しています。保育所や幼稚園に入る前に診断を受けるように保健師は支援していますし、診断を受けていない場合も、受診については保健師と協力して検討していけばよいのです。あせらずに、まずは親のペースを尊重していくことを大切にしてください。

●診断がなくてもできることはある

　いずれにしても**なぜ診断を求めるのかを職員で考え合うことが大切です**。子どもにとっても親にとっても意味のある診断にならなければ、単なるレッテル貼りに終わるからです。

　保育者が診断を求めたくなる理由の一つとして、診断がつけば加配保育士の配置が可能になるということがあります。この場合、保育者はクラスの保育の中で、よりていねいに一人ひとりを保育できると考えると思いますが、親の中には自分の子だけを別の保育者がみるのかと誤解する人もいます。親と保育者とが同じ視点に立つことは簡単ではないことをふまえておきましょう。加配保育士がつくことで、その子にとって、今よりも何が保障できるのかを、子どもに即して検討してください。

　保育者が診断を求める理由の第二は、「子どもをより理解できる」という期待です。しかし医師や心理士が子どもをみるのは個別の場で、集団場面ではありません。個別の場で心理検査を実施すれば、落ち着いた1対1の場での子どもの力の発揮のしかたや、子どもの発達プロフィールはある程度あきらかにできます。集団場面での問題が発達の偏りから出ているということが理解できると、「自分のせいではなかった」と保育者は少し

ホッとします。でも子どもにとって大切なことは、保育室に居場所があること、保育者が自分の気持ちをわかってくれると安心できること、そして仲間に認められることです。こうしたことは診断がなければ取り組めないことでしょうか。ふり返ってみましょう。

●保育が楽しくなるよう担任を支える

　保育がしんどくなると、だれかに助けてもらいたくなります。まずは職員集団で、子どもが好きなことや安心できる場所、子どもがみんなに認められる活動、集団内で取り組めそうな当番などを考え合い、保育そのものを楽しく発展させることです。担任が疲れていたら主任が応援に入り、子どもの状態をよく観察し実践の手がかりを探すことです。

　外の機関に支援を求める際もまずは親の抵抗が少ない保健師に求め、保健師と協力して親への対応を検討しましょう。就学先を考える際には診断がついていたほうがよりよい選択ができるので「できれば年長の夏くらいまでには」といった見通しを持って、親との信頼関係を築きたいものです。子どものことをしっかりと理解しよさを伸ばしてくれている担任、子育ての相談に気軽にのってくれる園長、そうした職員たちとの信頼関係があれば、親はわが子の「しんどさ」についても見つめやすくなってきます。

●周囲とつながる大切な一歩

　職員集団で話し合い、就学を見据えて専門機関への受診を親にすすめる際には、園長から親に話しましょう。その際には「お子さんのことをより理解するために」「担任と一緒に受診してもらう」ようにすすめたほうがよいでしょう。親は一人では不安ですし、集団場面のことは担任のほうがよくわかっているからです。医師の見立てやアドバイスも、親と保育者がともに聞くことで、その後の共通理解が進みます。

　専門機関の見立てやアドバイスが、そのまま園でいかせるわけではない

こともふまえておきましょう。子どもは置かれた場所で顔が変わります。集団生活と診察室では顔が違って当然です。多くの保育者とクラスや園の仲間たちがいる集団場面で子どものよさを引き出すことは、保育者にしかできないことです。それなのに専門機関を受診するのは、一人ひとりの子どものよさとしんどさをふまえ、どの子にとっても楽しい保育をつくっていく手がかりを得るためです。子どもが安心して生きていくことができるようにするために、親がまわりの人たちとつながれるよう園としても親の会や学校とつながっていく第一歩として受診を位置づけてください。

Q7

他児や他児の親とのトラブルをどう解決したらよいのでしょうか？

Answer

●鉄則は楽しい生活を保障すること

　トラブルをいかに防ぐかにばかり目が向くと、保育がつまらなくなり、子どもたちの心が満たされず、かえってトラブルが増えてしまう、といったこともあります。職員集団で考え合って、**子どもたちに楽しい生活を保障することで、親の間のトラブルは減らしていくことができます。**

●情報伝達はていねいに

　障害が診断されている場合は、事前に親に了解してもらい、クラス懇談会で親からわが子の障害のこと、みんなに理解してほしいことを語ってもらえると、まわりの父母の障害児を見る目が温かくなります。
　診断を受けていない子どもが起こす集団生活におけるトラブルへの対応には、いくつかの配慮が必要です。子ども同士のトラブルはどんなクラスでも発生するのですから、新年度には年齢に即して「どのようなトラブルが発生しやすいのか」「トラブルが発生した場合の基本的な対応」についてあらかじめ親に伝えましょう。ケガをさせたような場合は、その日のうちに、ケガをした子の親に保育者がどう対応したかを伝えましょう。大きなケガの場合はケガをさせた子どもの親にも伝える必要があります。

●子どもたちとも一緒に考える

　保育者が日ごろから子どもの言い分に耳を傾けていると、トラブルがあっても子どもには「楽しい思い」のほうが残るため、家庭ではあまり問題に

なりません。子どもが遊び込めていない、自分のよさを受けとめてもらっていないという場合に、園生活の不満が家庭で語られ、子ども同士のトラブルが大人を巻き込み大ごとになっていくのです。集団でのトラブルを子どもたちと語り考え合っていると、子どもたちの中に「たたくこともあるけど、ザリガニのお世話をよくしているやさしい子だよ」などという多面的な理解が成立するため、マイナス面だけが語られることは減少します。

●園長や専門機関の出番

　担任がいない状況のもと、親たちの目の前で問題が発生した場合がもっともトラブルになりやすいと言えるでしょう。見ていなかったことをお詫びし、状況を教えてもらいます。日ごろから子どもの状況を伝え、親とのコミュニケーションがとれていれば、こういったケースでも、保育者を信頼してもらえるものです。そうした努力をしているのにもかかわらず、トラブルを引きずる場合は、親の思いや生活に、耳を傾けるべき問題が隠れていることも想定する必要があります。園長が対応すべきでしょう。

　園に「保護者会」があることが大切です。親同士が日ごろからかかわっていると、子ども同士のトラブルもしこりにはなりにくいものです。相手のことや相手の生活を知らないと、相手を責める気持ちが生まれてきます。保護者会が学習会や交流会を開催していると、親同士で集団のトラブルについて語り合い学び合うことも可能になります。保護者会のリーダーを頼ることも時には必要になります。

　子どもの問題にしても親との関係のトラブルにしても、**大変な時は担任任せにせず、職員集団で話し合い**、必要であれば保健師や福祉事務所、児童相談所などと連携し、肩の荷を軽くしてください。大変なケースはケース検討し連携の質を高めてください。子どもにかかわる関係者がお互いの仕事を理解し合い、親子を支える取り組みを充実させることが、子育て支援の基本ですから。

Q 8
専門機関の職員には何をどう伝えるとよいのでしょうか？

Answer

●子ども理解を深めるために

　保育の主人公は保育者だということを忘れないでくださいね。

　子育ての主人公は親ですし、保育の主人公は保育者です。保育の専門家はなんと言っても保育者だということを忘れないでください。なのに専門機関から専門家という人が来てくれれば保育の「困りごとが解決する」と思ってはいませんか？　「困りごと」を並べ立てて「保育のしかた」を相談されても専門家も困りますよね。保育の専門家ではないのですから。

　専門家の力を借りるのは子ども理解を深めるためです。

　子どものよさ、好きなこと、苦手なこと、しんどさ、安心できる場やかかわりなどは、担当保健師や入園前に通っていた療育の場の職員がよく知っています。子どもとの関係づくりの手がかりとなる好きな活動や好きなおもちゃなどの情報が役立ちます。しかし、子どもの姿は小集団の療育の場と大きな集団の保育所・幼稚園では異なることもふまえておきましょう。生活の流れやおとなのフォローのあり方が異なっていることもふまえましょう。

●専門家にふりまわされないように

　医師や心理職、医療技術職などの専門家の中には「自分こそが障害児の専門家だ」というタイプの人がいるので気をつけましょう。「専門家だから偉い」と思うと、専門家の助言にふりまわされて本来の自分らしい保育を見失ってしまうことがあります。

保育所から療育の場にうつってきてまだ日が浅い保育者がいました。「多動な子は、足型をつけたイスに座らせて、立とうとしたら『足は？』と言うと座る」という医師の指導を受け、いつまでも足型つきのイスを運ばせ続けていました。当の子どもたちは、毎日の楽しい活動を通して保育者のことを好きになってきていて、自分から「座る」力がついてきているのに、そのイスでなければいけない、と思い込んでいたのでしょう。見かねて「運びにくそうだから足型外したら」とアドバイスしたことがありました。保育所に勤めていたときならば、子どもの様子を見て自分でそのように判断したのでしょうが、初心者だという気持ちが、保育者本来の実践力の発揮を妨げていたのでしょう。もったいないですよね。

●アドバイスはできても保育はできない

　医師や心理職、医療技術職は子どもの抱えるしんどさを把握することが仕事です。医師はしんどさへの直接的な対応を教えてくれます。それがさきほどの「足型つきのイス」だったりするわけですが、当面はその対応でよくても、それは保育ではありませんよね。子どもが楽しんで力をつけられる活動を保障するのが保育ですから。

　心理職は、子どもが何が得意で何が苦手かなど、発達のアンバランスさに関してアドバイスしてくれます。「困ったこと」が生じやすい子どもの

認知特性も教えてくれます。でも得意な領域をどういかし、苦手をどうカバーするかは保育者の課題です。私も心理職ですが、私の場合は保育の中での子どもの様子を観察して、子どもがよさを出す場面としんどさを出す場面を整理して、保育者が自分の保育を客観化できるようにアドバイスしています。

　理学療法士は、子どもの体の緊張の度合いや動きのしんどさを体そのものの状況から把握してくれます。子どもが過度に緊張して肩こりがひどくなっていることを見つけてくれたりします。体が不快だと楽しさを感じにくいですよね。パニックや暴力の要因の一つになっていた体の不快さを和らげる方法を教えてもらえるとよいですよね。

　作業療法士は、子どもの体の感覚の偏りに合わせた活動や、姿勢に合わせたイスの調整をアドバイスしてくれます。保育に取り組む手がかりになり、少し気が楽になりますよね。でも、クラスのみんなの保育にいかすのは保育者の技です。

　言語聴覚士は子どものコミュニケーション力に関して、何が弱くてうまくやりとりができないのかを把握してくれます。コミュニケーションの苦手さを補完するさまざまな手段も教えてくれますが、クラスのみんなにもいかせる手段を採用してください。みんなの文化にならなければ、コミュニケーション手段にはなりにくいですから。

●問題を整理することで手がかりは見えてくる

　要は「困っています」「なんとかする方法を教えてください」ではなく、毎日の生活の中でいつ「楽しくみんなと活動し」「みんなの輪には参加していないが楽しく過ごしていて」「みんなの輪から外れてしまい問題を起こすのか」を整理することが大切です。外部の人が来るからと、主任やほかの保育者と毎日の状況を出し合い整理すること自体に意味があるのです。じつはそれだけでも保育の手がかりが見えてくるのですよ。

Q.9

行事のたびに参加できないできました。園最後の行事です。どうすれば参加できるでしょうか？

Answer

●先生のがんばりが子どもを緊張させることも

　最後ともなれば、自然と力が入ってしまいますね。でも、その先生のがんばりが子どもの緊張を強めているかもしれません。行事の流れにその子をどう合わせようかと考えるより、子どもの得意なこと、好きなことでどう輝かせるかを考えるほうが、保育者も楽しくなります。

●園生活のステキな成果を披露する

　そういえば、私が光り輝いたのは「クリスマス会」でのナレーションでした。お遊戯が苦手で嫌いだったのですが記憶力はよかったので、長いナレーションを覚えて大人たちに絶賛されしばらく自慢でした。恥ずかしがり屋の息子は、年長の劇の中で「達者でなぁ～」という幼児らしからぬアドリブを発し、これまた大人たちの絶賛を浴びていました。

　行事のどこかで輝く機会があればよいのです。行事の中味を柔軟にアレンジして、一人ひとりにピッタリの出番をつくり出すのは、子どもたちのことをよく知っている担任にしかできないことです。「国旗マイスター」は運動会の万国旗づくりで、「地下鉄少年」は遠足の経路の話し合いで仲間に認められ輝けば、園生活の最後の卒園式ではステキな輝きを見せてくれます。もちろん、**みんなに見せるのは得意なことです。**虫や星の話も竹馬も、すべてが園生活のステキな成果なのですから。

Q 10
卒園をひかえています。小学校に何を伝えたらよいのでしょうか？

Answer

●園に見に来てもらうのが一番！

　東京都のように学区外の小学校を選択する親が多いと大変ですが、一般的には学区の小学校に入学するのですから、小学校の特別支援教育コーディネーターに見に来てもらうのが一番早いですよね。保育の中で示す子どものよさもしんどさも、そして保育者としての工夫も「百聞は一見に如かず」で、見てもらったうえで話し合うのが一番です。そのためには日ごろから幼保小の連携がとれていることが必要です。園長先生よろしく。

●自分たちにとって「必要」だった情報をまとめる

　でも小学校から見に来てくれるのは中小都市だけでしょう。大都市部ではむずかしいですよね。それでは、何を伝えればよいのでしょうか。診断がついている場合には、そのことを親から学校に伝えてもらったうえで、自分たちが「あれば助かった」という情報をまとめましょう。診断がついていない場合は本当に心配ですよね。親には、「直ちゃんのことを先生方によく理解してもらえるように、園長先生から学校に得意なことやちょっと苦手なことを伝えてもらうけどいいかな」などと相談してみましょう。

●学校生活を想像してみる

　学校に情報を伝える場合、保育所や幼稚園の生活の実態のうえに、学校生活で想定される状況をふまえておきましょう。
　たとえば、学校生活では幼児期の生活にくらべて自分一人で着替える場

面が増えます。くつ箱の数も教室数も膨大です。校庭は広いし、6年生はすごく大きい。環境が大きく変わるのです。そしてあそびではなく学習が中心の生活です。自由あそびの時間はほとんどないし、おもちゃも特別支援学級にしかありません。教科ごとに準備すべきものも違います。考えたら気が遠くなりそう。

　入学当初は、園でできていることも学校ではできなくなります。どういう援助があればできているのかをふり返ってみて、引き継ぎ事項をまとめてください。

●子どもの「かわいさ」を伝えよう

　子どもは「居場所」さえあれば大きく伸びる力を持っています。そのことを信頼し、何よりも教師が子どものことをかわいいと思えるように、みなさんが「かわいい」と思えるようになった経過をふり返り、子どものかわいさを伝えましょう。

　親が働いていれば学童保育所が利用できますし、診断がついていれば「放課後等デイサービス」を利用できます。子どもに合った活動をしてくれる「居場所」が見つかれば、学校でがんばりすぎても子どもなりに乗り越えていくことができます。子ども自身に、自分に合った場を選ぶ力がついていきます。親が子どもの選択を大切にできるように応援してください。よろしくお願いします。

おわりに——大人も"持ち味"をいかしてつながろう

　「育てにくい子」「気になる子」は、ステキな感受性やよさを持ったかわいい子どもだと書いてきました。子どもの伸びようとするこころを尊重し、子どもの発達の力を育てることで、子ども自身がしんどさをクリアしていくのだと書いてきました。
　こういうことを書くと「子どもに甘い」と思う方もいることでしょう。一方では、子どものすることを無条件に受け入れることが、子どもの発達を保障するのだと誤解する人もいます。子どもは安全で安心できる環境におかれることで、前向きになり新たなチャレンジをはじめます。子どもの行動だけに目を向け、子どもが不安を感じていることや、とまどっていることから目をそらして「叱ればよい」というのでは、専門職とはいえません。子どもの行動の背景を読み解いていくことが、専門家には求められます。しんどさだけを見ることも子どもを理解したことにはなりません。発達期にある子どもは、しんどくても発達しようと奮闘しています。そのがんばりを尊重し、しんどさをこえて可能性を花開かせるような取り組みを創造することがクリエイティブな保育です。
　子どもの行動そのものを受け入れるのでなく、そうした姿に秘められた子どもの発達への願いを読み解いていくことが、子どもにとってもそして保育者にとっても大きな喜びにつながるのです。だれも好きで頭を壁に打ちつけているのではありません。だれも好きでお母さんをかんでいるのではありません。だれも仲間に「死んでほしい」と思っているわけではありません。真の願いは何なのか、簡単にはわからないからこそ職員集団で話

し合い、子どもがステキな笑顔を見せる取り組みを工夫していくのです。そしてステキな笑顔に遭遇したとき、「この仕事を選んで本当によかった」としあわせを実感するのです。あなたも、子どもの心を理解し、子どもも自分もそして親もステキに変わる、そんな実践にチャレンジしてください。

　そして、それぞれの職場で職員同士それぞれの持ち味をいかし合い、ステキなチームを築いてください。なんでもできる職員はいません。だから互いによさをいかし合い、苦手をカバーし合い、チームとして力を蓄え実践力を高めてください。

　この本がみなさんの肩の荷を軽くすることに役立てば幸いです。

2014年5月

近藤　直子

参考文献
- 近藤直子・郁夫・暁夫『保育園っ子が20歳になるまで』ひとなる書房
- 近藤直子『ぐんぐん伸びろ発達の芽』全障研出版部
- 近藤直子『続　発達の芽をみつめて』全障研出版部
- 近藤直子『自分を好きになる力』クリエイツかもがわ
- 近藤直子『1歳児のこころ』ひとなる書房
- 近藤直子『ステキをみつける保育・療育・子育て』全障研出版部
- 近藤直子『子どもたちに幸せな日々を』全障研出版部
- 近藤直子『子どものかわいさに出あう』クリエイツかもがわ
- 近藤直子・全国発達支援通園事業連絡協議会編『療育って何？──親子に笑顔を届けて』クリエイツかもがわ

●著者
近藤直子（こんどうなおこ）
1950年東京生まれ、大阪育ち。1973年より保健所にて18ヵ月児健診後の発達相談を担当。現在、日本福祉大学名誉教授、あいち障害者センター理事長、全国発達支援通園事業連絡協議会会長。

おもな著書──単著に『ぐんぐん伸びろ発達の芽』『続　発達の芽をみつめて』『ステキをみつける保育・療育・子育て』『子どもたちに幸せな日々を』（以上、全障研出版部）、『自分を好きになる力』『子どものかわいさに出あう』（以上、クリエイツかもがわ）、『1歳児のこころ』（ひとなる書房）。編著に夫郁夫、息子暁夫との共著で『保育園っ子が20歳になるまで』（ひとなる書房）、『療育って何？』（クリエイツかもがわ）、ほか多数。

●装幀　　山田道弘
●装画　　おのでらえいこ
●本文イラスト　山岡小麦
●本文組版　　リュウズ

「育てにくい」と感じたら──親・保育者のための子育て応援BOOK
2014年5月30日　初版発行
2019年3月10日　二刷発行

著　者　近藤　直子
発行者　名古屋　研一
発行所　㈱ひとなる書房
東京都文京区本郷2-17-13
広和レジデンス
電　話 03(3811)1372
ＦＡＸ 03(3811)1383
e-mail：hitonaru@alles.or.jp

ⓒ2014　印刷／中央精版印刷株式会社　　＊落丁本、乱丁本はお取り替えいたします。